# 新收入

# NOVUS INCOME

写给每个人的
金钱焦虑自救指南

Your Guide to Financial Peace

钱婧 —— 著

北京联合出版公司
Beijing United Publishing Co.,Ltd.

## 序章
## 创造新收入：一场现代人的生命力自救

这是一本写给当代普通人的收入增量小册子。

在这个信息爆炸、AI 冲击、经济周期震荡的时代，金钱焦虑早已不是某个群体的专属标签。不管是在校学生、刚踏入社会的年轻人、职场中坚的中产群体，还是财务自由的精英人士，都在经历一场无声的"收入危机"——日益增长的年龄和不匹配年龄的收入，让我们始终无法与金钱达成真正的和解。

2024 年我和团队进行了一场关于青年的职场调查研究。我们的调查数据显示，85.9% 的职场人会用"实现财富自由"来定义事业有成。这体现了在当代青年的价值排序中，"收入"占据重要地位。

而在这个时代，"收入"已经不再是一个扁平逐利的符号。它是人们在不确定时代极少数可以握在掌心的确定，是让精神内耗的当代人每日可以安睡的安全感，是在日趋狭窄的轨道内年轻人奋斗的精神支柱，是普通人难得能够创造的正反馈闭环。一枚枚钱币落入口袋累积的分量感,就是我们在风雨中无畏前行的底气。

没有人不想要创造新收入,没有人不需要创造新收入。年轻人的新收入意识正在觉醒。

一方面,大家没有放弃职场,在充分地想办法提升学历和实习,竭尽全力给自己找个好工作,希望创造轨道内的收入增量;另一方面,"搞钱"成为互联网博主们日日挂在嘴边的热门关键词,年轻人开始将热切的目光探向轨道之外,乃至极目远眺至无边旷野之上,搜寻创造新收入的可能。

在商学院的十多年里,我经历了收入审美的巨大变化。2010—2016年的商学院课堂里,空气里充斥着"平台""生态""资源整合"的亢奋气息,哪怕是普通的学生也听过造梦的故事,新收入在那时的代名词还是"估值"和"PPT"。2016年后的这些年,潮水逐渐退去,财富的世界开始挤出虚妄的泡沫,收入增量的诉求也逐步脱虚向实。一个个天之骄子的暴富故事变成了普通人对看得见、摸得着的新收入的追逐。它可能意味着每个月可以多一两千块零花钱,每年可以带全家人出国旅游一次,每次看到喜欢的新款时装不用再等打折才入手——新收入承载着每个普通人对更好一点儿的生活的向往。

> 在个人层面,"新收入"意味着突破传统的单一职业束缚,通过能力、资源或兴趣的复用和变现,填补主业的成长空间和主业之外的财务缺口,甚至创造意外的人生机遇。

你可能要问，这跟普通的财富发展有什么区别？本书中讨论的"新收入"，是一种更贴近自我、适应时代的创富策略。所谓创造新收入，其实就是在当下的时代发展自己。

新收入策略从我们的核心自我出发，唤醒沉睡的闲置资源和未曾认领的生命力；它帮助我们洞悉时代的价值所在，找到当下时代的商业生存法则；它重塑了工作的本质，让劳动回归价值创造，让热爱有机会转化为生产力；它本质上是一场关于"自我可能性"的深度实验与个人价值的极致挖掘。

它既包含通过能力增值、缔结网络等方式在主业赛道上实现薪资跃升，也涵盖利用业余时间将专业技能开拓出线上和线下知识付费、自媒体商单、市集摆摊、直播带货等多元化收入来源，更延伸至将日常爱好深度开发为手作电商店铺、垂直兴趣社群运营、实用小程序开发等具有规模化潜力的商业形态。

<u>这种从"8小时职场内工作制"向"24小时无边界价值创造"的转变，填补了传统职业发展的收入天花板，在数字经济赋能下催生出无数"主业保底线，副业拓空间"的现代职场新收入模式。</u>在这种模式的指引下，每个个体都可以在工资单之外借助碎片化时间管理和长尾价值挖掘，提升财务安全感，拓展人生的可能性。这种更灵活且多元的新收入模式正在改写"工作"的定义。

在宏观经济范畴，新收入模式正逐渐演变为推动经济韧性增长的全新动力源。它借助多元化的收入结构，切实而有效地缓冲了行业波动引发的系统性风险，凭借分布式创新，如个人IP孵化以及

小微创业集群等形式，加速了人才、知识以及资本等各类生产要素的市场化流动进程。另外，它还催生出"一人经济"，也就是独立创作者或服务者经济，以及"粉丝经济"，即社群化商业等全新市场模式。这种由下而上发生的经济变革正在对传统产业格局进行重塑，中国2亿灵活就业者创造的"隐形GDP"已然形成抵御经济周期影响的关键缓冲区域，这种提升个人收入与国家经济抗风险能力的双向正循环，意味着现代经济体系正朝着更具弹性、更为普惠的方向不断演进。

> 从宏观角度看，新收入正在打破传统收入的边界，释放出被固定薪资锁住的经济潜能和被低估的个体价值，不仅解放了被束缚的生产力，还激活了沉睡的创造力与生命力。

在微观与宏观的共振中，新收入重新定义了现代经济的游戏规则。

在新收入的新时代，我的工作领域从执教的商学院延伸到互联网已三年有余：无公司、亲身实践、一手运作的体验，让我对如今这个时代的收入端口有了更为透彻的理解。200多场直播问答，让我有机会和背景各异、问题万千的青年朋友进行了真实的内核交互。

这些体验，让我有勇气去写本书回答那个大家迫切想问的问题：普通人该怎么获得新收入？

这本书将告诉你答案。书中将探讨几个关于新收入的重要问题：

- 什么是新收入？
- 如何锚定自身的收入基本盘？
- 如何构建匹配新收入的商业认知？
- 如何一步一步获得新收入？
- 如何通过深度人际联结激活新收入的矩阵？

这是一本献给想要折腾一下，创造新收入的普通人的平实的小册子。我想把它送给想要追寻肆意人生，获得经济和精神双重自由的你。

让我们一起，变得更加有钱、有爱、有自己。

## PART 1 内核
### 点燃你的新收入引擎

第 1 章　打开盒子：迎接职业定义的颠覆性变革　　003
　　　　当代职场人的痛点：不充分就业　　004
　　　　这个时代的好工作在哪里？　　006

第 2 章　AI 时代的能力变局：穿越周期的人力资本　　011
　　　　1. 高质感的专业审美："漂亮活儿"是什么样的？　　018
　　　　2. 情境能力：独属于人类的灵光乍现　　019
　　　　3. 与真人交互的能力：钱是从真人口袋里赚到的　　020

第 3 章　摆脱金钱羞耻：抒顺我们和金钱的关系　　022
　　　　知识工作者赚钱是一种堕落吗？　　025
　　　　与金钱建立健康关系　　027
　　　　建立与金钱健康关系的 3 个步骤　　030

第 4 章　野心与恐惧：我们的财富原生家庭　　033
　　　　接近型驱动力：野心　　035
　　　　回避型驱动力：恐惧　　039

第 5 章　稳定：编织给自己兜底的安全网　　044
　　　　雇佣制的背叛　　045
　　　　就业力和收入力　　047

## PART 2 行动
### 让新收入落袋的财富方法论

第 6 章　高能量行动哲学：51 分的原则　　053
　　　　警惕完美主义的陷阱　　054
　　　　如何践行 51 分原则　　059

第 7 章　最小可行性产品：开始的抓手　　062
　　　　开始不需要 B 计划　　066

第 8 章　一个人开始：赚钱不需要手拉手　　068
　　　　《三个和尚》与专业化分工的迷思　　070
　　　　各利场上的人性风云　　073
　　　　新收入创造者的底色　　078

第 9 章　雇用：人力杠杆撬动财富增长　　080
　　　　招募最合适的人才诉诸增量　　081
　　　　创建让人才发挥最佳状态的文化　　084
　　　　妥善安放自己的权力　　089

| | | |
|---|---|---|
| 第 10 章 | 合伙的必要条件：爱 | 092 |
| | 能量契合，才能赚到钱 | 093 |
| 第 11 章 | 如何做副业："不疯魔不成活" | 099 |
| | 你为什么做不好副业 | 105 |
| | 副业该做什么 | 108 |
| | 发展副业的抓手 | 112 |
| 第 12 章 | 狮子、牛马和鸵鸟：如何有效努力 | 115 |
| | 狮子篮子：你每天的高光任务 | 118 |
| | 牛马篮子：你的事务性任务 | 121 |
| | 鸵鸟篮子：要像鸵鸟一样逃避的事务 | 123 |
| 第 13 章 | 压力管理：压力与健康的关系 | 125 |
| | 隐藏技能：睡眠的能力 | 128 |

## PART 3 认知
### 洞察价值真相的商业思维

第 14 章　个人品牌：打造你的互联网熟人社会　　135
　　　　　自媒体时代的双轨赛道　　139

第 15 章　IP 成功的秘密：不要完美，要漏洞百出　　149
　　　　　我们为什么喜爱超级英雄？　　151
　　　　　"丑"的魅力　　156

第 16 章　利润为王：发展财富的重中之重　　163
　　　　　定价的常识　　168
　　　　　谈价的技巧　　171
　　　　　定价—服务的模式　　173
　　　　　定价的高阶玩法　　176

| | |
|---|---|
| 第 17 章　为销售正名：从销售产品到销售自己 | 178 |
| 　　如何提升自己的销售能力 | 179 |
| 　　平价销售和 150 人效应 | 187 |
| 　　高价销售和 7 小时定律 | 190 |
| | |
| 第 18 章　销售的本质：对抗人性深处的自私 | 196 |
| 　　二级市场的迷思 | 197 |
| 　　销售是对权力的角逐 | 201 |
| | |
| 第 19 章　奈特不确定性：不依赖数据的决策智慧 | 205 |
| 　　奈特不确定性对普通人的意义 | 209 |
| | |
| 第 20 章　可贵的失败和伟大：一次对自己祛魅的过程 | 215 |
| 　　成功的痛 | 223 |

## PART 4 联结
## 从人际交互到应对大环境

第 21 章　声誉：最高效的价值交互筹码　　229
　　　　声誉的生理和利益需求　　231
　　　　财富和声誉的关系　　234

第 22 章　人际网络：如何平衡利己和利他　　238
　　　　社交是最不应假手于人的工作　　239
　　　　利他和利己可以相辅相成　　242

第 23 章　为人处世：神奇的复写纸效应　　249
　　　　拉大人际算法的容量　　251

第 24 章　逃离时代叙事：拥抱"时态红利"　　255
　　　　"下海"潮与铁饭碗　　255
　　　　用现在进行时态生活　　259

第 25 章　选对赛道：经济大环境与泡沫悖论　　261
　　　　盛极而衰的魔咒　　263
　　　　郁金香和浴缸里的塞子　　266
　　　　普通人如何面对时代洪流　　268

后记　在变量丛生的时代，定义你的新收入算法　　273

# 内核
**点燃你的新收入引擎**

# 第 1 章
## 打开盒子：迎接职业定义的颠覆性变革

在日常的科研、教学和职业咨询中，我发现很多朋友对职场的不满，并不是因为他们的工作真的糟糕透顶，而是出于一种落差，一种相对剥夺感。

我在职业咨询中遇到过一个这样的案例。

小 A 在二线城市的一所私立学校工作，她这样介绍自己的工作现状：薪资在当地属于中等偏上水平，朝九晚五不加班，每年还有一个多月的假期。平时工作不忙，有时甚至每天工作时间只有一两个小时。当时在场的其他听众都表示：太羡慕了！这是神仙工作啊！

但小 A 的语气却越来越沉重，其实她想问的问题是：我该不该辞掉这份工作？为什么？这样一份工作不是很多职场人梦寐以求的吗？没错，小 A 的工作表面上是挑不出什么问题，但她仍然感到深深的焦虑和不安。她觉得这份工作有点儿像温水煮青蛙，虽然很轻松，但没有什么上升空间。"躺也躺不平，卷也卷不动。"小 A 无奈地叹气道。更让她担忧的是，她在这所学校锻炼出的技能很窄，没什么可迁移性。长此以往，她担心自己的抗风险能力会很弱。再想到自己在海外留学多年却只能在二线城市赚一份普通薪水，不甘和挫败感时时涌上心头。

聪明、上进、自我要求高、学习能力强的人在工作中却找不到热情，只能徘徊于躺平和内卷之间。小 A 的例子，其实是当今职场中无数年轻人的缩影。

类似的例子还有：一位哲学专业的毕业生削尖脑袋挤进了互联网大厂，却发现找不到自己渴望的价值感和意义感；一位拥有博士学位的年轻人入职一份稳定工作之后，发现自己并不像想象中那样能做科研，而是囿于报销、文件管理等繁杂的事务性工作……我们基于自己的学历现状、工作经历，形成了对充分就业的期待，但就业现实又与期待之间存在巨大的落差，让我们自怨自艾、郁郁不得志。

## 当代职场人的痛点：不充分就业

专家学者们把这种现象称作"不充分就业"。

1996 年，美国佐治亚大学特里商学院组织行为学教授丹尼尔·费尔德曼在论文《不充分就业的本质、前因和后果》中首次提出了"不充分就业"这个概念。[1]

**不充分就业**

不充分就业不是失业,是指有雇佣关系,但所处岗位中个体的学历背景和工作经验被利用得不充分,也就是俗称的"高能低就"。不充分就业意味着更低的收入、福利,更少的工作安全感,以及可能出现的不稳定的工作时长。

费尔德曼论文中引用的数据显示,1988年,美国的不充分就业率达到25%。他对不充分就业的定义包括一些主观和客观标准,符合其一即可被认定为不充分就业。

**不充分就业的评判标准**

1. 一个人的受教育程度远超工作需要
2. 一个人的工作经验和工作能力远超工作需要
3. 一个人被迫在不符合自己教育背景的领域工作
4. 一个人被迫从事兼职工作、临时工作
5. 一个人目前的收入比前一份工作的收入低20%,或者比有同样教育背景和工作能力的人低20%

---

1 Daniel C. Feldman, "The Nature, Antecedents and Consequences of Underemployment," *Journal of Management* 22 (1996): 385 – 407.

大家可以来自测一下，这些标准你中招了几条？

即使没有出现上述"症状"，你也可能早已在情绪上踏入了不充分就业的阵营：觉得自己干的是没什么技术含量的"脏活"或"毫无意义"的工作；觉得自己作为埋头苦干的老实人，在尔虞我诈的职场中经常被算计和欺负；认为领导是草包，只会溜须拍马，能力远远比不上自己；觉得同事是"猪队友"，只会给自己拖后腿……

只要仔细聆听自己和周遭打工人的心声，我们就会发现，无论是事实存在还是主观感受，几乎没有人能摆脱这样的烦恼和委屈。我们都很难逃离不充分就业的诅咒，每个职场人都或多或少认为自己"高配"或"错配"了当前的工作——从择业到就业，从新手到老鸟，不充分就业已经成为笼罩在每个职场人头上的一片乌云。

## 这个时代的好工作在哪里？

那么，出路在哪里？这个困扰无数职场人的痛点该如何解决？我们有几种可能的解决方案。

- 方案一：降低期待，不再对"满意"本身抱有希望
- 方案二：补充就业，让它充分到可以匹配自己的能力
- 方案三：补充能力，让它更适应自己的发展现状
- 方案四：重新定义岗位和工作

方案一没那么积极，方案二和三是市面上大部分的职场书和商业书讨论的话题。在本书中，我们的目光将聚焦于方案四。

其实，关键点在于，<u>你有没有跳出职业成长的线性叙事来考虑问题？有没有想过，当下这个时代的工作早已经发展出了新的意涵？</u>

纳瓦尔·拉维坎特（Naval Ravikant）是闻名世界的硅谷创业偶像、投资人和思想领袖。他创办了多家公司，是世界上最大的创业者融资和招募平台 AngelList 的创始人和前首席执行官。在 2015 年的一档播客节目中，纳瓦尔和另一位播客大亨蒂姆·费里斯（Tim Ferriss）展开对谈。当被问到怎么定义自己的职业时，纳瓦尔回答道：

不断重复自己、专注某一领域并将自己局限化的职业观念，是在工业革命的劳动分工中产生的。在当今时代，我希望越来越多的人能沿着马斯洛需求层次不断提升，更加宽泛地定义自己。

纳瓦尔的话道出了当今职业发展的新定义。

一方面，随着我们的生命力越来越旺盛，我们的内在需求正在从马斯洛需求层次理论的低层次（生理需求、安全需求）向高层次（社交需求、尊重需求、自我实现需求）迈进。这预示着传统、单一、局限的职业轨道已经无法适配我们的内在需求，委屈、压抑、不快乐也很自然地变成了副产品。

另一方面，时代和环境在极速发生变化。对"70 后"和年龄更大的人来说，职业生涯似乎一眼望得到头：从上学、拿学位开始坐上一部"扶梯"，到进入单位、在职场上钩心斗角，再到升职加薪、买房买车，一直在向上移动，一路获得更多的权力和收入。移动到再也无法上升的位置以后，他们一年又一年地重复自己的"经验"，停滞着等待退休，然后拿着退休金安享晚年。

而从"80后"开始，这个出厂设置已然没有了。"扶梯"的自动化在各层都出现了新的堵点：年轻人上不去，中年人站不住，更资深的人不知道"扶梯"的最上层是空空如也，还是一片光明。

那些在长辈看来安全、稳定、体面的好工作，那种让我们备感熟悉、亲切，帮我们规划好一切的职场环境早已经地动山摇、分崩离析。现代职场开始用筛选替代培养。所谓"筛选"，就是选出具备自我迭代能力的人。

从科学家转型为政治家的德国前总理安格拉·默克尔（Angela Merkel）在哈佛大学2019年的毕业典礼上鼓励学生——"要打破无知和狭隘的壁垒，因为一切皆可改变。你们将参与决定未来我们如何工作、沟通，甚至我们的整个生活方式。"

**这个时代最青睐和犒赏的，已经不是深谙职场框架之内游戏规则的人，而是具备"野外生存"能力、勇于探索更多元自我的人。**这些人在不断地流动，形成一种没有边界的职业生涯——可以上班，可以有副业，也可以灵活就业乃至自己创业。人生的"收入"剧目迎来了真正的定制化。你可以自编、自演、自筹资金、自学各个工种，可以同时扮演演员、编剧、导演、制片人等多个角色。

**不管落脚于哪个角色，一个坚实的落点在视野中越来越清晰可见，那就是"创造新收入"。**创造新收入是终身学习者在自由市场中的创造性表达。它承载了我们在狭窄的职业轨道内无处安放的生命力，又在时代的速度感催生的不安中为我们兜底。

这个世界的发展，从宏观经济走势到个人财富积累，从产业变革到日常消费选择，都深深植根于新收入的土壤之中。没有新收入，个人发展就会迅速遭遇天花板，经济活力也会逐渐枯竭。然而，新收入究竟从何而来？我们能否持续创造新收入，并将这一过程规模化？

**我们常常认为，只要掌握更多的工作技能，或者投入更多的时间、精力，新收入自然就会产生。于是，便有了无休止的加班文化和越来越内卷的竞争格局。**这些方法或许能带来短期收益，但真正可持续的新收入与这些表象并无必然关联。**新收入创造者把全部智慧都投入对"价值本质"的洞察上。他们敏锐地发现了我们最真实的能力盲区、闲置资源和兴趣潜能。**

通过观察数字经济时代的价值流动规律，持续探索人与资源的全新连接方式，新收入创造者磨砺出了独特的价值发现能力。他们致力于解决我们每个人都会面临的困境：如何让专业技能突破职场限制？如何让闲置资源产生复利？如何将兴趣爱好转化为可持续收益？在我们自己都尚未意识到自身价值的潜力时，新收入创造者就已经勾勒出变现的蓝图并落实到行动上了。

新收入创造者深谙如下道理。

- 真正的财富增长靠的不是消耗更多时间,而是发现未被定价的价值
- 真正的财富增长不在于盲目跟随潮流,而在于重新定义价值交换的规则
- 新收入创造者创造的不仅是一份额外收入,而且是一种全新的收入结构
- 这种新结构可以让每个人在数字经济时代找到属于自己的财富坐标

我大胆预测,在不久的将来,那个用来了解对方的经典问题"你是做什么工作的",将被一个更务实的问句代替——"你的新收入结构是怎样的?"

# 第 2 章
## AI 时代的能力变局：穿越周期的人力资本

世间万物都有自己的价格。而我们创造新收入的本质是提高劳动的价值，再定一个合理的价格，并找到为之买单的人。

经济学领域著名的人力资本理论（human capital theory）详细阐述了这个事实。人力资本理论假设教育、培训、工作经验、社会资本、政治技能等因素增加了个体的生产力，而劳动力市场会用收入和职业地位等来回报这种生产力。

有趣的是，2000 年之后的学术界在人力资本理论对个体职场成功的解释上出现了分歧。越来越多的实证研究发现，人力资本和薪资显著相关，但对晋升的影响较小，对职业满意度的影响微不足道。[1] 也就是说，你能力强的话，大概率能赚到钱，但不一定能升

---

[1] Thomas W. H. Ng, Lillian T. Eby, Kelly L. Sorensen, and Daniel C. Feldman, "Predictors of Objective and Subjective Career Success: A Meta-Analysis," *Personnel Psychology* 58, no. 2 (2005): 367–408.

官,也不一定能拥有让自己满意的职场体验。

这个事实听上去似乎有点让人沮丧,但其实它对想要创造新收入的务实人士来讲是个好消息。

诉诸晋升和满意这些维度,最后可能得出一笔糊涂账——因素不明,因果不清。

但单论创造新收入这个维度,我们努力的方向很明确——增加自己的人力资本。

★ ★ ★

自 2024 年以来,人工智能(AI)对职场人士的威胁感愈发具象化,蛇年春节横空出世的"Deepseek",开启了我们的 AI 广谱职场时代。作为职场人士,你可能也真切地感受到了重新发现和定义自己人力资本的必要性。

2009 年金融危机最严重的时候,"股神"沃伦·巴菲特和一位朋友开车途经美国奥马哈市中心。当时,街面萧条,店铺关门,人烟稀少。这位朋友有些伤感,问道:"沃伦,我们要怎么从这种情况中恢复?"

巴菲特稍做停顿后,问了一句:"你知道 1962 年最畅销的糖果是什么吗?"

朋友表示不知道,巴菲特回答说,是士力架。接着,他又问,你知道现在最畅销的糖果是什么吗?——还是士力架。

我们每个人都要明确什么是自己的"士力架"——那套可以穿越周期的底层人力资本,可以在 AI 广谱时代换来最大价值、创造新收入的人力资本。

人力资本包含如下几个方面。

- 知识
- 能力
- 资源
- 声誉

本章中我们着重讨论知识和能力。资源和声誉留待后面的章节讨论。

★ ★ ★

过往的职业逻辑遵循一种人力资本线性模型(见图 1)。我们在求学阶段获取知识,开始职业生涯之后,知识就被锤炼成为能力。当你驾驭了能力,你就会为他人创造价值,产生交互,那么你的社交网络会随之发展,资源也会应运而生。在这个过程中,你的金钱和声誉也会逐步累积。知识、能力、资源、声誉和金钱这几个因素的关系是线性导出的,有时间先后次序。这来源于我们在学校教育中接受的"知识树"式的培养——我们获取了一个学科的知识，就会成为这个专业的人，之后会靠着这套知识去就业，换得一份体面的工作和收入。我们一直认为，知识是数字 0 前面的 1，能力是知识后的附属品。

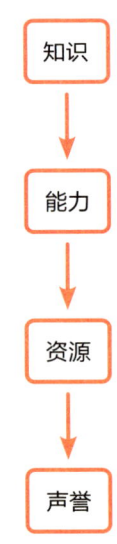

图 1　人力资本线性模型

但在 AI 时代，真的是这样吗？

我斗胆预测，在未来，我们将打破"专业"和"知识树"的束缚，从人力资本线性模型转变为人力资本循环模型（见图 2）。图中的任何单一要素都可以打破先后次序，互相影响。未来的人力资本世界是弹性的，也是折叠的。

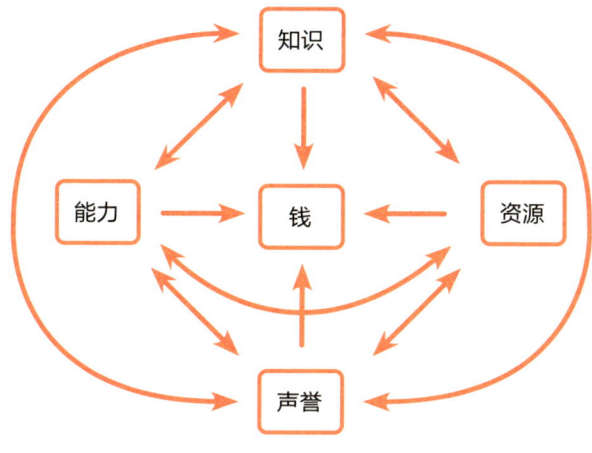

图2 人力资本循环模型

在未来,知识和能力会打破因果和先后的关系,并蒂开花,同步发展。人和人的水平高下从对传统知识的掌握程度演进到了知识的应用层,也就是能力和知识交织的地方。

举个例子。我在求学的过程中做过很多份零工,薪水有高有低,但每次去做的时候,我都会给自己列一张能力清单,写明在这份工作中我要提高哪些能力。现在想起来,这是我潜意识中发生的人力资本迭代——一方面通过全新的情境丰富自己的能力群,另一方面找到机会去应用自己在商学院学到的抽象知识。在这个过程中,知识被强行推上了能力层,而能力也被榨取出新的知识和认知。这个过程才是更可贵、更定制化和不可替代的。

当时我在手机店和熟食店打过工。我性格比较内向,不爱说话，做的又是伏案的科研工作，因此这一类零工可以在很大程度上提升我和人打交道的频率、把商品卖出去的能力以及和客户互动的能力。其实类似营销、品牌的知识我在课堂上是学过的，但对我而言这些学习经历是抽象、架空的，没有切身体验，也就不能推动能力提升。正因为有了这些真实的体验，我的知识变得落地和丰满，而能力也变得真实和个体化。在能力获得提升的同时，因为有过往知识的积淀，我的这些能力有了被再次提取和抽象成知识，同时应用到其他情境中的可能。

例如，拥有销售的思维和能力后，我会知道，写出来的科研论文是需要"卖"出去的。论文除了品质，还需要适度的包装，这样才有助于打动编辑和评审，作者才会获得更高的议价权，"定价"也可以更高，发表期刊的档次也可以得到提升；想做出好设计，需要有合适的渠道和中间人，需要很好地和企业、和潜在被试者沟通，"卖"出概念和未来，求得一个数据合作的机会；想做科普，需要和大众、和思想的潜在买单者沟通，才能把自己的理念传播给更多的人。

在这样的人力资本逻辑巨变下，我们有必要为知识和能力开拓新的定义。知识工作者往往存在一个误区：觉得知识、能力与"体面"高度相关，一定要正襟危坐地通过书本，在学院课堂上获得。如果不打破这个迷思，我们就会被疾驰的时代列车远远甩在身后。

我们身边都有宝贵的学习机会，要珍视这些机会。

那你可能会问，好的，我知道了，能力和知识有了新的黏性，那能力和学历的关系呢？大家一边睁着眼睛高喊"学历贬值"和"学历无用"，一边削尖脑袋往各种学历的框架里钻，这种局面到底要怎么破？

我的个人见解是，学历是获取某类知识的水平证明，是结构化学习的效率参数。现实中最佳的知识方案是，尽已所能获得一个学历，与此同时，在这段获取学历的过程中，不忘能力这棵"并蒂莲"，之后在入局人力资本市场的那一刻，在入职的那一刻，就把自己的学历忘掉，投入终身学习，不断提升能力，并以此撬动一切。

★ ★ ★

下面，我们来聊一下 AI 时代能力的形式。

无论在任何时代，我们每个人最重要、最能保本的能力就是身体能力。

这是沃伦·巴菲特和他的老搭档查理·芒格身体力行地告诉我们的智慧。查理·芒格于 2023 年 11 月 28 日去世，享年 99 岁；2023 年，巴菲特也已经 93 岁。在 2017 年 HBO 电视网的纪录片《成为沃伦·巴菲特》(*Becoming Warren Buffett*) 中，巴菲特在一个小教室里给几名中学生讲了个小故事。他说，如果你能选择一辆车作为毕业礼物，而且这辆车将是你一生中唯一的车，你一定会精心挑选，仔细保养，谨慎使用。

巴菲特这样解释这个比喻：人一生中只有一个身体，因此我们应该认真对待自己的健康，持续学习，提升能力。这些内在的财富是无法被夺走的。只有通过自我投资和爱惜身体，我们才能实现长期的成功和幸福。

那么除了身体健康，在AI时代还有哪些能力可以穿越经济周期呢？

我的思考是，AI时代的剧变之下，人类已经可以只凭方向而不靠具体目标活着了。当下职场发生的变迁是我在过去二十年研究中所未见的，未来还可能出现更多意想不到的变化。我只能在此小心翼翼地提出几点思考。

## 1. 高质感的专业审美："漂亮活儿"是什么样的？

随着生成式AI渗透率的不断提高，全球职场正在发生戏剧性的变局。AI工具3秒钟就能吐出一份法律文书初稿，几分钟就可以生成几十张设计稿——程式化技能正在被批量淘汰，而人类引以为傲的"专业判断力"正成为最后的堡垒。

这涉及一个敏感的问题，我们到底把AI工具当成什么，竞争者、助手、下属还是伙伴？

不管是哪个角色，都会涉及一项高级的人类技能——领导力。我们需要去进行精细化管理，而就像管理人类同事一样，做好管理的关键在于具备对什么样的工作才叫"漂亮活儿"的审美。

举个例子,我有个朋友让 AI 工具模仿她喜欢的作家沈从文写了一部短篇小说,之后拿给五个人看,我也在其中。我们五个人都觉得,写得好啊,人类被替代了!但她说,写得不好。

看出门道了吗?我们都不是文学爱好者,读过的文学作品有限,也没形成对高级文学的审美,所以 AI 糊弄我们绰绰有余,却应付不了她。她能看出这部小说对沈从文的模仿仅仅是通过语言风格的贴近和辞藻的堆砌,但思想的广度、深度和分寸离本人都差得远。

专业审美就是一种优势能力。在这个方向上,她的这个技能是稀缺的,而稀缺的技能就能被变现。

## 2. 情境能力:独属于人类的灵光乍现

说回领导力,每部经典的管理学教科书在讲到这部分时都会强调,一个有领导力的管理者需要具备在特殊情境下做判断、拿主意的能力。

以医疗影像诊断为例。斯坦福大学的研究证实,AI 可以辅助多项癌症早期筛查,但它永远无法像人类医生那样,在凝视 CT 影像时将 40 年临床经验、患者本人的身体和精神状况、家属无助的眼神乃至对生命意义的敬畏纳入诊断决策。

当 AI 基于历史数据语料和逻辑算法推导模型时,人类却能通过情境能力——那些无法被"语料化"和编码的隐性知识、动态风险评估中的伦理取舍,甚至是一次灵光乍现——在混沌中开辟出独特的道路。

当 AI 接管了基础信息处理,人类终于得以重返最迷人的战场,做一个人,在具体的局面中做人事,在价值混沌中锚定文明的方向,守护不可替代的灵魂之光。

### 3. 与真人交互的能力:钱是从真人口袋里赚到的

AI 在情感识别方面取得了不少进展,例如通过机器学习识别面部表情、语音模式和生理信号。例如,Hume AI 开发了测量情感的工具;Zoom 推出了 Zoom IQ 功能,分析虚拟会议中的情感和参与度。然而,这些进展仍然很有限。目前的 AI 依然缺乏真正的意识和共情能力。

在人类看来,用情和表演用情还是有本质区别的。

在人工智能时代,共情力和人际交互能力仍然是人类无法被 AI 取代的核心竞争力,而这也是人类本身发展财富的本质。无论 AI 多么威风,钱还是从真人口袋里赚到的,那么,与真人交互的品质和情感浓度就关系着一种稀缺的能力。此外,面对冲突、谈判或复杂人际关系时,人与人之间的信任与互动仍然无法被替代。

说到底,这些也是人类无聊生活的调剂。就我的观察,虽然人人都觉得人际关系复杂和麻烦,可一旦离开这些,我们往往又会觉得没意思和无聊。人类对复杂性和不可预测性有着自己的执着和追求,这点也是未来人类在攸关利益的场合的独特优势。

# 第 3 章
## 摆脱金钱羞耻：捋顺我们和金钱的关系

迈出创造新收入的第一步需要回归自我的价值，而其中的首要关卡是排除对金钱的羞耻感。爱钱是创造新收入的前提，是有钱的先决条件。试想一下，如果你内心觉得金钱庸俗又肮脏，赚钱的时候还犹豫又拧巴，钱又怎么会来到你身边呢？

受儒家传统影响，东亚文化对金钱的羞耻由来已久。就拿古典小说名著《红楼梦》为例，书中贾府的吃穿用度极为奢靡，处处都要用大量钱银维持，却没什么人认真经营和发展家业。因为他们认为做生意赚钱是一件不光彩的事情，会让人失了体面、跌了身份。甚至府上的千金和公子哥们普遍显得颇为"不食人间烟火"，对金钱相关的"俗事"懵然无知。如此看来，贾府的破落也在情理之中了。

让我们一起来看一段非常生动的描写。

一语未了，忽见湘云走来，手里拿着一张当票，口内笑道："这是个帐篇子？"黛玉瞧了，也不认得。地下婆子们都笑道："这可是一件奇货,这个乖可不是白教人的。"宝钗忙一把接了,看时,就是岫烟才说的当票,忙折了起来。薛姨妈忙说:"那必定是那个妈妈的当票子失落了,回来急的他们找。那里得的?"湘云道:"什么是当票子?"众人都笑道:"真真是个呆子,连个当票子也不知道。"薛姨妈叹道:"怨不得他,真真是侯门千金,而且又小,那里知道这个?那里去有这个?便是家下人有这个,他如何得见?别笑他呆子,若给你们家的小姐们看了,也都成了呆子。"众婆子笑道:"林姑娘方才也不认得,别说姑娘们。此刻宝玉他倒是外头常走出去的,只怕也还没见过呢。"[1]

这段众人调侃当票的对话,在一定程度上反映了贾府上下傲慢无知的金钱观念。

不过,值得一提的是,贾府庶出的小姐探春却展现了超前的经济意识和管理眼光。她曾提出改革贾府的财务制度,设立收支明细,兴利除弊,但她的提议却遭到了一众亲眷的质疑。他们给探春的改革制造了诸多障碍,也埋下了贾府沉落的伏笔。

《红楼梦》中的金钱观可以折射出清代贵族和文人士大夫阶层对金钱的轻视态度:贵族子弟羞于和耻于谈钱,可以不事生产、享受祖荫,却以赚钱为贱业。

让我们把视线移回当代。经历了数百年观念和制度的革新,知

---

[1] 曹雪芹,高鹗:《红楼梦》,人民文学出版社,1996。

识型工作者挣脱金钱羞耻的束缚了吗?

某自媒体平台活动的后台,两位在互联网做内容的"网红"大学老师在进行一段这样的对话。

A老师(捧着手机,苦笑):你看我这回录的讲《西游记》的短视频的播放量,连人家"90岁自律女生高能量的一天"的零头都不如啊……评论区还有人骂我是"假文化人",是"有辱斯文"。

B老师(扶了一下眼镜):这算好的,我们系的同事听说我开着直播讲数学还能通过打赏挣钱,直截了当地说我是"穷疯了"(发泄地叹了口气),知识一旦沾上了钱,就成了一副不再圣洁的形象……

A老师:我也是呀,现在要研究"黄金3秒开头",去把大家留住,期待换点儿流量,让自己有点儿名气。这年头,有名有流量就能有钱。有时候也觉得挺悲哀的,我想吗?我可能也不想,但不这么做,哎,不怕你笑话,我们现在一家五口三代人挤在55平方米的老房子里,最可笑的是房子还是租的,隔两年就涨房租或者被轰走。

B老师:其实我有时候觉得,网上的朋友很热情,比我在校园课堂上得到的反应大、回馈多。

A老师:真的,上周有位网友私下跟我说,他因为看了我解读经典文学的视频,重新开始看书了。这种话好久没听到了,我真觉得很开心!

## 知识工作者赚钱是一种堕落吗?

两位老师的纠结并不是偶发现象。这种自证本身就是金钱羞耻的具体表现。在传统"清高"和"重义轻利"的叙事背景下,用知识赚钱,尤其是赚取象牙塔外的钱,被认为会玷污知识的纯粹性,是不堪、丢人、堕落的。而比这更丢人的,是这样的心情:既然拉下脸去赚钱了,又这么有知识,那就理所当然比那些一样拉下脸没那么多知识的人赚的多,倘若还不如他们,那真的更羞耻了!最有趣的是,这种羞耻感其实不仅出现在我们的文化中。过去人们可能认为,这种羞耻感存在于一谈钱就尴尬的东亚和北欧,但事实上,这是现代人类的通病——我们将金钱视为贪婪、自私或腐败的象征,认为追求财富或公开讨论个人财务问题是可耻的。

美国普林斯顿大学的资深经济学教授、两任经济系主任伯顿·马尔基尔(Burton Malkiel)在《漫步华尔街》(*A Random Walk Down Wall Street*)的第一章中写道:"我一直是个投资者,并且是个成功的市场参与者。究竟有多成功,我是不会说的,因为学术界有一种奇特现象,认为教授不应该赚钱。教授可以继承很多钱、通过嫁娶得到很多钱、花掉很多钱,但万万不应赚很多钱,赚很多钱便是不务学术之正业。无论如何,教授应当'富有献身精神',政客和行政官员经常这样说,当他们试图对学术界的低工资做出合理解释时更是如此。他们说学者应当追求知识,而不应当追求金钱回报。"

第一次看到这段话的时候，我就扑哧笑出了声。为什么？因为太熟悉了！

金钱羞耻如此常见，你有没有想过，它是从何而来呢？

事实上，知识型工作者的金钱羞耻来源有很多，比如儒家"君子喻于义，小人喻于利"的价值排序，构建了我们的行为"审判"坐标。在这种语境下，追求经济利益的正当性是不充足的，这种不充足体现在经济本身的自动降格。逐利被视为一种低人一等的追求，甚至不配与其他追求并行。追求经济利益甚至被看作一种道德和品格方面的缺陷。

而绵延一千多年的科举制度进一步强化了这种意识。"学而优则仕"在相当长的实践中似乎是适龄青年职业生涯中唯一的正确选择，它将人的知识和能力与社会地位和政治地位绑定了。虽然从事实层面看，"仕"和财富密不可分，但财富却是需要刻意回避的——钱随着官位的攀升而到来是对的，但直接去追求钱是错的、"低等"的。

在现代社会转型的过程中，20世纪70年代"知识无用论"的创伤记忆与80年代"脑体倒挂"[1]的社会现实，加剧了这种心理不适。更隐蔽的是西方"为学术而学术"（knowledge for knowledge's sake）的理想型学者形象被浪漫化，与现实经济压力之间产生了认

---

1 指相同工作时间内，脑力劳动者报酬低于或等于体力劳动者的社会现象。——编者注

知撕裂——知识型工作者在清高的传统人设与知识和技能服务者的商业角色间陷入了深深的身份认同危机。这种危机严重影响了我们的心态和行为。

我们和钱的关系，说到底也是和自己的关系。如果和钱的关系不拧巴，那么搞钱、攒钱包括花钱其实都是一种舒适的自我延展。

那么，该如何破解金钱羞耻的桎梏呢？

在认知上，要承认知识创造本身具有市场价值，而市场价值是综合能力和专业尊严的体现。

在文化上，需要打破"清贫则高尚"的刻板印象，其中的关键在于区分"唯利是图"与"以知获利"的本质差异——当知识变现以服务受众为目的时，经济回报恰恰是知识价值受到的市场认可，而非其道德瑕疵。事实上，我们也需要深刻地认识到，把知识和技能在更广阔的天地变现，是一种抵达，而非背叛。

这些与金钱和财富的健康关系的构建，将有助于我们发展财富、解锁属于自己的心灵自由和财务自由。这是每个个体最温柔、最有弹性的财富背景。

那么，与金钱的健康关系究竟是什么样的，又该如何建立呢？

## 与金钱建立健康关系

与金钱建立健康关系的底层逻辑是赋予金钱充分的工具性，不要把金钱拟人，不要和金钱产生情感联结，不要给金钱赋予意义，不要把金钱和人格、尊严等任何你作为人类独有的美好事物建立联系。

金钱，就是工具本身。

以下是在日常生活中建立健康金钱关系要注意的几个方面。

### 储蓄和"安心金"

把一定比例（例如 30% 左右）的收入用于储蓄，建立一个强大的应急基金，让自己安心。

### 债务控制

管理你的债务。借钱或借贷要考虑到自己工作的稳定性，也需要将其控制在一定比例内（家庭不超过 30%，个体不超过 20%）。

### 无负罪感的消费和"潇洒金"

如果花任何钱都会让你焦虑，那你无法享受钱的工具属性，也无法享受赚到钱之后的自我延展和成长。要知道，很多体验和快乐是可以用钱买来的，钱也可以帮助减轻痛苦和烦恼。消费额度要理智，但消费行为要肆意和舒爽——你一定要允许自己毫无负罪感地把钱花在你觉得值得的事情上。这里一定要注意，是你觉得，不是别人觉得。

除了必需的开销，我建议每个月可以拿出收入的 5% 来肆意消费一把。例如，你税后收入是 1 万元，你就可以拿出 500 元来购买或许对自己来说算得上"高攀"的体验。我发现一些朋友虽然身处大城市，但过得非常憋屈，哪里都没去过，也不舍得社交，更不敢花钱。我们不鼓励超前消费，但我建议年轻朋友在自己能力范围内去尽情消费一把。列出你的消费体验清单。

例如，我自己喜欢车，也喜欢开车。在买不起喜欢的车的时候，我会攒"潇洒金"去租车来体验。在北京，花费 1000～2000 元几乎就可以租到任何品牌和价位的汽车。对在你经济能力范围内并符合你价值观的消费，不要有负罪感。

**对财富增长的看法**

赚钱是劳动者的军功章，是光荣的。如果一个人认为追求财富是贪婪的，那么将形成一种自我限制的思维模式。如果每天去上班都是在追寻一种"贪婪"和"邪恶"，我们会过得很拧巴。

**开放的金钱聊天**

我们要逐渐习惯与家人进行关于金钱的透明对话，了解彼此对金钱的想法和计划，求同存异。

**动态财务目标**

你的财务目标要随着生活目标不断调整，时刻保持金钱作为工具的服务属性。

## 建立与金钱健康关系的 3 个步骤

下面是我多年来总结出的与金钱建立良好、健康关系的心得，放在这里抛砖引玉。任何关系的建立都需要付出努力，但这份努力是值得的。

### 1. 敢于面对尖锐的金钱问题

意识到问题永远是改变问题的第一步。你需要坦诚面对一些一直在回避的事实、重复的错误模式和来自原生家庭的不健康的金钱观念。

### 2. 带着问题生活，逐步重建与金钱的关系

发现问题后，我们需要知道，改变不是一朝一夕的事。知情就是最重要的一步，改变可以逐步来，慢慢来，不要着急。可以在日常生活中按照上面提到的与金钱建立健康关系的准则去一步一步调整，也可以通过写与金钱关系的日记的方式记录自己的改变。同时要记住，哪怕变化没有那么迅速，你也并不孤独。这个世界上，无论收入水平如何，很多人都在与这些困扰抗争。

### 3. 不断发展金钱和财富，通过务实、适合自己的努力延展自我

按照本书的内容重新构建自己的金钱宇宙，通过处理自己与金钱的关系去带动自我的发展。一步一步、脚踏实地地做自己！

> 金钱观
> 自我问卷

### 1. 你是怎么看待金钱的?

想起钱,你的情绪是积极还是消极的?是喜悦还是焦虑的?是充盈还是匮乏的?

---

### 2. 你的储蓄模式是怎样的?

你是否会按比例存钱?你卡上是否总有能支撑半年的"安心金"?还是有时候有,有时候没有?

---

### 3. 你的债务模式是怎样的?

你是否能够保持正常债务比例?是否陷入了令人懊恼的债务循环?是否会随便借给"朋友"钱?

**4. 你对赚钱的看法如何？**

你觉得赚钱这件事是会帮助还是妨碍你成长？你觉得赚钱这件事"油腻"吗？你觉得赚钱是能力的体现吗？

_____

_____

**5. 你与金钱的理想关系是怎样的？**

现在你对自己与金钱的关系满意吗？1～10分的评判标准下，你给自己与金钱的关系打几分？有哪些地方可以改进？

_____

_____

**6. 你的原生家庭与金钱的关系健康吗？**

你还可以进一步审视原生家庭与金钱的关系，注意，这是为了归因，不是为了归罪。我们的目的是进一步了解自己目前与金钱关系的成因、机制，并着手改进。

_____

_____

# 第 4 章
## 野心与恐惧：我们的财富原生家庭

我在海外求学的时候，有一次遇到健身房大促销，两年会员卡只要 99 美元。虽然这个价格对当时还是学生的我来说仍然很贵，但我感觉自己长期伏案工作，太需要动一动了，于是就加入了这个计划。这次促销除了价格优惠，还附赠两次免费的私教课。

我现在还记得第一次私教课的教练叫罗宾。他让我填了一张表格，上面有一个问题："健身对你有多重要？"（"1"代表特别不重要，"10"代表特别重要。）

我随便填了一个"7"。罗宾问我，为什么是 7？

我说了一堆理由，诸如我想身体健康之类的，他又追问我为什么不是 8，不是 9，不是 6，而是 7？为什么不做点儿别的而是健身？

我又说了一大堆理由来解释，比如我过去疏于锻炼，所以我觉得 7 算是一个中肯的答案云云……

我以为罗宾要给我做一次演讲。结果他说，好，我完全没问题，但是，Jing，你要记住你自己的这些话。

我一时不知该怎么接话。我是一个做定量出身的学者，在大学里还讲过两年"心理测量基础"。这位健身教练把李克特量表（Likert scale）的精髓用一次对话讲得无比透彻。

李克特量表是心理学家伦西斯·李克特（Rensis Likert）于1932年提出的。这是一种基于问卷调查的评估工具，用于评估人们对某一观点或陈述的态度。这种测量方法如今被广泛应用于科学研究中。罗宾让我回答的那个问题"健身对你有多重要"（"1"代表特别不重要，"10"代表特别重要）就是一个典型的李克特测量题目。

李克特量表有一个堪称精髓的特征：它的判断都是主观的。你答题的时候，问的是自己的心。

罗宾和我的对话，就是在让我问自己的心。做一件难事之前，你应该问问自己的心。只有发自内心想要，才能形成真实、持久的动力。

回到我们这本书的话题上，问问自己："创造新收入对你来说有多重要？"（"1"代表特别不重要，"10"代表特别重要。）假设你的答案是"7"，那么为什么不是其他数字？

美国物理学家理查德·费曼（Richard Feynman）曾说过一句应该被每个新收入创造者挂在墙上的话："第一原则是你绝不能自欺欺人。"

你需要一次次问自己的心，新收入对你而言有多重要。当你意识到它很重要的时候，你就会有强烈的动力将野心付诸行动，去创造，去改变。

## 接近型驱动力：野心

<u>野心是一种接近型驱动力</u>。当我们想要体验愉快的事情时，大脑就会释放一种神经化学物质，驱使我们采取行动。这种驱动力就被称为"接近型驱动力"。它会驱使我们追求积极而令人愉悦的体验，例如学习新知识、完成任务或者开创全新做事方法等行动带来的满足感。接近型驱动力通常与内在驱动因素有关，如个人兴趣、好奇心和对成长的渴望。

人活着，要尊重事实和野心。喜欢钱，就去发展财富；喜欢影响力，就去争取影响力；喜欢什么，就去拼什么。诚实面对自己的野心是实现野心的第一步。我们先来看一个故事。

里德·霍夫曼（Reid Hoffman）是硅谷最成功的投资者、创始人和企业家之一，被内部人士称为"硅谷的先知"。霍夫曼从不避讳自己的野心——希望对世界产生广泛的影响。

他生于1967年，本科毕业于斯坦福大学，专业方向是符号系统及认知科学，即研究人工智能和认知的科学。之后，他获得了牛津大学的马歇尔奖学金，继续攻读研究生，学习哲学，这是他非常热爱的方向。当时他的愿望是做个学者，影响全世界。现在在牛津大学马歇尔学者的网站上，还有霍夫曼这位知名校友的专属页面。

但后来，霍夫曼本人对这段研究经历却是这样描述的："研究生院虽然令人兴奋，却根植于一种崇尚过度细分的激励机制中。我发现，学者们最终只在为大约五十人规模的学术精英群体写作。"

很显然，当时霍夫曼觉得学术界的影响力有限，难以触及广泛的公众，无法帮助他实现影响世界的野心。

1994 年，27 岁的霍夫曼在研究生毕业后放弃继续攻读博士学位的路径，转身进入业界发展，开启了打工生涯，先后在苹果和富士通做用户体验和产品经理。

这段经历让他认识到，商业可以在更大范围内影响世界，但单纯打工不行。追寻着自己的志向，1997 年，霍夫曼打开了创业的潘多拉魔盒，创办了在线约会和社交网站 SocialNet。2003 年，他与人合作创办了职业社交平台领英（LinkedIn）。2004 年，霍夫曼不满足于自己独立的创业项目，开始进一步入局更广泛的大众社交赛道，促成了马克·扎克伯格与贝宝（Paypal）创始人彼得·蒂尔（Peter Thiel）的首次会面。蒂尔用 50 万美元的投资获得了脸谱网（Facebook）10% 的股份，霍夫曼也参与了这轮融资。2008 年，霍夫曼投资了社交和移动游戏平台 Zynga。2009 年，霍夫曼加入了风险投资公司 Greylock Partners，这进一步加速了他的投资步伐。通过这家公司，霍夫曼领导了对爱彼迎（Airbnb）的早期投资，该公司后来成为全球知名的短租平台。

2010 年以来，霍夫曼的投资重点逐渐转移到 AI、区块链和自动驾驶等前沿技术领域。2014 年，基于对区块链和加密货币的兴趣，他领导了对比特币钱包公司 Xapo 的 A 轮融资，2016 年紧接着投资了专注于区块链可扩展性、安全性和功能性技术的公司 Blockstream。

2015 年开始，霍夫曼入局生成式 AI。他是 OpenAI 的创始投资者之一，并于 2022 年和 AI 领域的知名人物穆斯塔法·苏莱曼（Mustafa Suleyman）共同创办了另一家生成式 AI 的初创公司 Inflection AI。

**诚实面对野心，乘上时代浪潮一步步去实现野心，这是一条令人艳羡的创造新收入的路径。**

说到这里，你可能会有疑问，这不就是一个优秀的人"赢者通吃"的故事吗？

霍夫曼曾经很直接地表示："我喜欢影响人，不喜欢管理人。我更喜欢研究产品策略、问题解决和业务策略，而不是管理大规模的公司。我在创业早期和中期阶段可以担任首席执行官，但对大规模组织，我更愿意支持那些擅长管理和文化建设的人，比如杰夫·维纳（Jeff Weiner，LinkedIn 前首席执行官）去做管理。"

纵观他的整个发展历程，他始终忠于自己的这一本心——从不恋栈，不贪慕权力，做自己能做的事，只要自己想要的。

有你想要的，做你能要的，这两个维度就是创造新收入的关键。前面我们讲过"能"的问题，这一章我们讲的是发自内心的"想"的问题。

青年朋友们经常感到苦恼的是，自己想要的，自己偏偏得不到。这时候就应该审视一下自己是不是真的想要，以及有没有积攒知识、能力和资源去促使自己的"想"落地。

比如，在一次直播答疑活动中，我帮几位连线的朋友梳理了一下他们做自媒体的卡点。

在交流的过程中,像下面这样的对话层出不穷。

问:我是教培老师,我准备做一些学科英语的内容,做个账号。

答:好呀,很垂直。

问:是,但我做的没人看。

答:你怎么做的?我看一下你的账号,哦,这样不太行,你发了几个在黑板上显示单词、口播自然拼读的视频,没什么娱乐性,也看不到是谁在教英语。你需要露脸。

问:露脸?我不能露脸,让朋友刷到多丢人啊。

答:这有什么丢人的,你这样慢慢做,就能自己获客,拿更大利润。你不是在前面说自己很痛苦,觉得被机构压榨,想赚更多钱吗?

问:是,但是我痘痘多,不能露脸啊。我得去治一下痘痘,但最近手头比较紧。

答:你不用管这个,可以用一些内置美颜……

问:不行,不自然……

答:你是想通过做自媒体赚钱吗?一个月想多赚多少呢?

问:5000吧。

答:5000?

问:2000也行。

答:2000吗?

问:或者我先做着玩吧,能做起来就做……

这位朋友就属于典型的"想"和"能"打架,野心有一点儿,但不多,几乎撑不起任何质疑,而且因为犹豫,根本沉不下心去付出。"能"的部分是需要先付出才会有回报的——你需要花时间去试错和探索,才能培养出能力。也正因为不太能,拿不到结果,所以在这部分野心的正向循环无法被激发,反而会让她高度质疑自己野心的正当性。

因为鸡没长大,所以没看到蛋;因为没看到蛋,所以怀疑鸡不是鸡。

循环往复,互相消磨。

这就是我常说的:在发展财富的路上,野心不定,就会地动山摇。

## 回避型驱动力:恐惧

要想成事,除了野心,还有一种不能忽略的驱动力,就是恐惧。跟野心不同的是,恐惧是一种回避型驱动力。

回避型驱动力能让我们分泌一种激素,进而引发"战斗或逃跑"反应。这种驱动力促使我们远离潜在的威胁或不愉快的情境,从而帮助我们避免伤害或失败。例如,害怕被瞧不起,害怕穷困,害怕失去美好的事物等,都是回避型驱动力的体现。

事实上,在发展财富的大军中,大部分人靠的是回避型驱动力。恐惧的大棒举了起来,行动的号角吹响,他们才迈出了不得已但很坚实的步伐。其中最常见的,就是原生家庭的影响。

罗伯特·艾格（Robert Iger）是华特迪士尼公司现任首席执行官。他在自己的自传《一生的旅程》(The Ride of a Lifetime)中坦承，自己职业生涯中奋斗的内驱力来自原生家庭的影响。

艾格的父亲毕业于宾夕法尼亚大学沃顿商学院，是个很有才华、很热血的理想主义者。一方面，他对政治充满了热情，为了参加华盛顿的游行和马丁·路德·金的演讲，不惜丢了工作。另一方面，他对自己的碌碌无为耿耿于怀，常年受到躁狂症的影响，情绪极端不稳定。他害怕自己的子女重蹈覆辙，所以总是在忧愁和不安中严苛地要求他们。

艾格在成长过程中有一种深深的恐惧，生怕自己像父亲一样变成一个失败者，度过充满遗憾的一生。所以，他虽然学习成绩一直不如意，但从没有放弃过折腾，因为他在对抗发自心底的恐惧。

从十几岁起，艾格就开始创造自己的新收入矩阵：铲雪、看孩子、做五金店搬运工、做学校清洁工，之后去全球排名1000开外的伊萨卡学院（Ithaca College）上大学，继续打工做比萨。艾格在伊萨卡学院获得了传播学学士学位。大学期间，他很自然地对传媒和娱乐行业产生了兴趣，开始通过各种实习和工作经验积累知识和技能。毕业后，他入职美国广播公司（ABC）的基层岗位。迪士尼收购ABC后，他正式成为迪士尼员工，最终一步步攀升到首席执行官的位置。

除了父母性格和人生轨迹，家庭结构也会对子女对收入的野心产生影响。它更为隐匿，<u>会在当事人毫无察觉的情形下操控其经济</u>

==决策的每一个细节。这种影响在重男轻女观念严重的多子女家庭中表现得较为突出。==

以家里有弟弟的女性群体为例。部分女性朋友会发展出一种"财务奉献型野心",这种特质在她们的经济活动中体现得十分明显——每月工资到账后首先做的就是给家里打钱;自己租住在简陋的合租房里,却为弟弟的婚房默默攒着首付。这种行为其实也是一种回避型驱动力的表现:她们自幼便被灌输"弟弟是家族的未来""我们家庭就是这样爱着彼此"的观念,在成长过程中不断强化"我只有付出才有价值"的认知模式,最终将人生的目标定位为想证明自己就得疯狂赚钱,给钱就是给爱,给了爱就能获得爱。她们创造财富是为了满足家庭的财富需求,而不是满足个人发展与实现的需求。当二者出现矛盾的时候,个人需求会向家庭需求让步。例如,在择业的时候,姐姐会选择业余时间多、可以照顾家庭的工作,尤其在弟弟年纪还小的时候,她们会放弃自己的追求,回到老家找一份收入稳定的工作,用多出来的时间反哺家庭、照顾弟弟。而在职场机会来临之际,姐姐会因为"弟弟更需要支持""如果这个月钱给少了,妈妈会失望"而主动放弃具有高潜力的项目,去选择能立即给出加班费的成熟项目。相关研究也发现,这类女性的个人储蓄率比同龄独生女低 37%,但为家庭提供的应急资金却是后者的 2.4 倍。这种惊人的差距反映了深层的社会文化问题。

另一种极具代表性的模式是"过度补偿型野心",在童年时期物质匮乏的子女身上表现得较为明显。他们会给习惯省吃俭用的父母买完全不符合其消费习惯的奢侈品，比如采用分期付款的方式购置上万元的按摩椅；会花两个月工资给父母买效果不明的保健品；在面对亲戚朋友的借款请求时，即使自己手头并不宽裕也不会拒绝；更关键的是，他们对储蓄、理财和赚钱有着近乎本能的排斥，潜意识里将"为自己赚钱和存钱"等同于"背叛家庭"。这类行为本质上是依靠经济上的超额支出来弥补童年期的情感缺失，试图用金钱来换取那些未曾得到的情感认可。可悲的是，这种模式往往会导致一个恶性循环：付出越多，收入压力越大，自我价值感反而越低，经济状况越窘迫，于是就越需要借助更大额的支出来证明自己，而如此这般，收入的压力就会更大……

这些萌发于原生家庭的创富思维模式的共同悲剧在于，当事人试图用成年后的经济选择治愈童年的情感创伤。但实际情况是，再多的金钱投入也无法填补那些早已形成的心理空洞，反而可能成为妨碍个人财务健康的致命因素。要打破这种代际传递的财务困境，需要建立全新的认知框架。首先，要认识到，健康的家庭财务关系应当有清晰的边界，比如可以设立专项"孝顺基金"，规定每月固定比例的支出额度，而不是去无节制地满足所有要求，或者无原则地将自己的财富发展策略向原生家庭倾斜。其次，要学会区分合理的家庭责任、养老义务与情感绑架，明白拒绝不合理的财务要求并不等同于不爱家人。最关键的是，要重建自我价值体系，认识到个人健康的收入体系与幸福生活本身就是对家人最好的回报。只有完成这种心理层面的转变，才能真正实现财务独立与精神独立的双重突破，走出原生家庭带来的财务困境，化压力为动力，将过往的经历转化为发展、留住财富的野心，与金钱建立健康的关系。

事实上，大部分普通人创造新收入的驱动力是混合的，既有天然的底层诉求，也有为了逃离深层恐惧而想要改变的欲望，更有复杂家庭结构带来的"爱的逃离"。创造新收入是老百姓版本的梦想。在这个过程中，我们为了一个具体目标，动态调整自己的方案，想尽一切办法去做、去尝试、去沟通、去求、去犯错、去调整。为了天地之间小小的自己，我们的自我逐渐清晰稳定，目标笃定坚毅。我们用勤劳的脑子和双手做下去，不断前行。

# 第 5 章
## 稳定：编织给自己兜底的安全网

做职业咨询的时候，我听到的最多的两个字就是——稳定。

"你要什么呀？"

"稳定。"

人们大多时候把"稳定"简单地等同于能干一辈子的"稳定工作"，进而推断出稳定的工作就会带来稳定的收入。然而实际上，<u>真正的稳定并不是指收入来源固定，而是指个人或家庭财务系统有抵御风险、持续增值的能力</u>。从这个角度看，稳定的财富和稳定的工作其实是两个完全不同的概念——前者指的是动态的资产积累能力，后者指的仅仅是收入来源的暂时确定性。实际上很多有稳定工作的人的财务状况却很脆弱，而一些看似职业路径有波动的人反倒构建起了真正稳健的财富体系。

那么，我们觉得稳定等同于稳定的工作，到底是从哪里来的想法呢？

在传统职场上，我们接受雇主培训，伴随组织成长。组织期待忠诚和稳定性，与之相配的是组织对个体的承诺：我养你啊，一辈子。

这好似蜜月期的情话，可以听，但不能信。

## 雇佣制的背叛

20世纪初期的美国底特律，是工业时代的"硅谷"。这座被誉为"汽车城"的城市凭借着令人惊叹的活力和包容，吸引了数以百万计的移民前来。其独特的就业模式堪称理想化：通用汽车等行业巨头纷纷开办企业大学，在流水线附近设置了课堂，并承诺给予员工"终身雇佣"的待遇，工资随着员工工作年资的增加只升不降。

谁不喜欢充满了增长的稳定？

到了20世纪50年代，底特律达到了其发展的巅峰，坐拥全美最高的人均薪资水平和185万城市人口。世界各地的人们都慕名而来，朝拜这座被视为"未来之城"的地方。

在这几十年间，身处底特律的打工人会怀疑自己的选择吗？但在这种看似稳定的表象之下，隐藏着系统性的脆弱。在60年代，当日本车企凭借省油的小型汽车进入市场时，底特律的应对方式却是制造更大型的汽车，当竞争对手积极精简自身架构时，底特律的官僚体系却在持续膨胀——每一项决策都需要经过众多层级的委员会审议，创新逐渐沦为冗长会议的牺牲品，原本的终身雇佣制从曾经的荣耀转变为束缚员工的枷锁，企业的利润也被僵化的人力成本不断侵蚀。

底特律的衰落来得较为缓慢,却十分彻底,没有出现那种轰轰烈烈的裁员预告,只有悄然来临的破产通知。在 60 至 70 年代期间,有 30 万人失去了工作,城市人口持续向外流出。

底特律的故事揭示了一个长久存在的悖论:当稳定被简单地等同于"不变的雇佣"时,它实际上就成了衰退的助推器。真正意义上的稳定,应该在于组织以及个体具备持续进化的能力。这座汽车城的悲剧并非因为它曾经相信稳定,而是因为它将稳定错误地理解为永恒不变的特权,而非需要不断进行重构的生存智慧。

除了稳定诺言的破灭,大部分现代组织已经说不出"我养你"这种"情话"了,也不再想在你身上投资了。

英国科学家德里克·普赖斯(Derek Price)于 1963 年提出的"普赖斯定律"描述了科学研究中的一种不平衡现象。这一定律表明,在任何创造性生产领域,大多数成果都是由少数人完成的——大约 50% 的成果是由创造者总人数的平方根的人完成的。例如,如果一个领域有 100 名活跃的从业人员,那么其中的 10(即 100 的平方根)个人将贡献一半以上的成果。这种现象的结果是,大部分的资源会向这 10 个人倾斜。

对企业而言,培养人才意味着不确定性。招募 100 个人均衡培养,期待获得一些效率上的提升,不如直接购买 10 个或者更多"普赖斯人才"划算。那么这时,稳定就再次回到了我们在前面章节中讨论的人力资本问题上。当潮水退去,迭代和追寻稳定的责任回到了个体身上,你需要问自己一些问题:"我是那 10 来个'普赖斯人才'之一吗？""我能做些什么，才会获得可控的稳定？"

我们已经认识到，一份稳定工作提供的是收入的可预测性，不过它大多时候都伴有隐性风险——行业衰退、技能贬值、职业天花板以及结构性需求消失——都有可能让稳定一下子崩塌。比如，一些资深员工可能几十年来一直在领取确定的薪资，可在行业转型的时候面临失业危机。这些情况在历史上发生了无数次，不仅有前文提到的20世纪60年代底特律汽车工业的员工，还有20世纪90年代IBM、惠普和21世纪初通用电气、东芝的员工，他们都遭到了终身雇佣制的背叛。同样的事情也发生在制造业之外。2008年金融危机期间，好多"稳定高薪"的华尔街员工因为过度依赖单一收入来源而陷入财务困境，因为之前的储蓄不能弥补长期收入中断带来的冲击，他们拥有的技能也不一定能够市场变现，帮他们在短时间内找到下一份工作。事实上，和终身雇佣的陷阱类似但很容易被忽视的是相对稳定的雇主：政府、教育、医疗、国有企业等。你如果不主动蒙上眼睛，就会看到，这类型的雇佣关系也不是一成不变的。

## 就业力和收入力

学术界对稳定性其实也有过很长时间的探讨。最近几年，关于稳定性的研究焦点落在了一个术语"就业力"（employability）上。就业力代表的是个人在快速变化的就业市场里拥有的持续竞争力，一种可以适应岗位需求并获取理想工作机会的综合能力。就业力的来源其实就是我们前面探讨过的人力资本：一个人的知识、能力、资源、声誉。一个人的就业力强，可选择的余地就大，就称得上"稳定"。

用我经常和青年朋友说的那句大白话来表述这个逻辑，就是："你给的比别人要的多，你就稳定。"我有个办法，可以帮助朋友们认清稳定的样子。这个办法是这样的：想象一下，无论你的单位是体制内的还是市场化的，你现在走出单位，今天离职，明天就把自己的简历扔到市场上。如果下家能给的综合薪资比现在的多，你就稳定；比现在少，你就谈不上稳定。无论你在多么稳定的结构里，你都承担着很大的风险——命运交到别人的手里不叫稳定。

2001年，在经济萧条的压力下，流媒体平台奈飞（Netflix）被迫裁员30%。2020年，奈飞创始人、首席执行官里德·哈斯廷斯（Reed Hastings）回忆起这段经历时有些遗憾，但同时也表示，这对他而言是"通往大马士革之路"[1]。这次经历让他在管理理念上有了脱胎换骨的转变。

他意识到，淘汰了表现欠佳的员工、提高了人才密度之后，企业就会提高效率，和"优秀者"也合作得更顺畅了。事实也证明，裁员之后，奈飞的绩效不降反升。

这就是我们面对的真实危机。如果这样的"秘密"被不断发

---

1 比喻顿悟性的人生转折。——编者注

现，我们每个人都将经历一次就业力的"裸泳"。

事实上，在我们这本书的背景下，就业力的范畴会更宽广一些，我会把它称为"收入力"。

收入力可以被定义为凭借多元化新收入来源、投资组合以及持续市场化的人力资本迭代，构建出更抗风险的新收入结构的能力。

收入力才是一个人稳定的终极来源。

# 行动
## 让新收入落袋的财富方法论

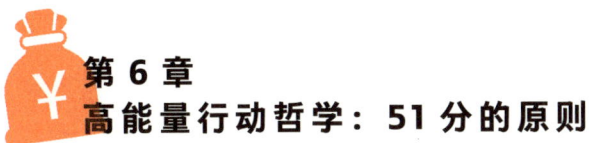

# 第 6 章
## 高能量行动哲学：51 分的原则

让我来告诉你一个真理。它或许能让你在做事时少内耗一点儿。成人世界的赢，只需要 51 分。

为什么这么说呢？大部分人的求学体系清晰而单一，就是考试考好，然后一路升学。在这个过程中，规则明确，优中选优，分数越高越好。100 分叫"满"，90 以上叫"赢"，80 以上叫"良好"，80 以下属于"费劲"。要是考不到 70，基本前途堪忧，老师和家长都觉得你完蛋了。

在这种模式下，你逐渐形成了一种"数字"审美——50、60、70 这样的分数或比例，是不能接受、指向失败、不被选择的。

这种审美会悄悄藏在潜意识里，影响着你的行为模式。

心理学家约翰·A. 巴奇（John A. Bargh）和同事们在美国纽约大学做了一组关于潜意识信号触发相关行为模式的实验，研究结果发表在 1996 年的一篇题为《社会行为的自动化：特质构造和刻板印象激活对行为的直接影响》（"Automaticity of social behavior:

Direct effects of trait construct and stereotype activation on action")的学术论文中。在一项实验中,研究者让参与者阅读与老年相关的词语,如"健忘""秃顶""灰白""皱纹""宾果游戏""退休""有皱纹的""感伤的""老的""孤独的""老糊涂的""虚弱的""无助的""依存的""病症""保守的""养老金",然后观察这些词语是否会影响他们的行走速度。实验结果显示,那些接触老年相关词语的参与者在完成阅读任务后行走速度变慢,表明潜意识引发的启动效应能在不知不觉中影响人们的行为。

在长期求学过程中养成的"数字审美"深植于你潜意识的土壤,塑造了你对成功与失败的"数字"认知,影响了你在人生旅途中的抉择。你没有十足的把握,就不敢做某个选择;你一想到未来的职业,就倾向于"稳定"和"不犯错";你一做决定,就想要避坑;你一想到社交,就想问"他会愿意理我吗?";你一说到尝试新的路径和新鲜事物,就怕犯错。

然而,在真实的竞争中,只要你占据的优势是大于50%的任意数值,你就赢了。

### 警惕完美主义的陷阱

<u>现实世界中的"赢",常常源自对小数值优势的笃信。</u>

在非洲大草原的黄昏时分,夕阳的余晖洒在金色的草海上,为这片生机勃勃的土地增添了一份神秘色彩,然而,这片土地上的生

存法则残酷无情。瞪羚群在草原上悠闲觅食，或跳跃，或奔跑，享受着短暂的宁静时光。

这宁静的背后危机四伏。一头狮子正在悄然靠近瞪羚群。它目光锐利，肌肉紧绷，准备发起攻击。瞪羚群仿佛感受到了危险的气息，本能地开始四散奔逃。

在这生死攸关的时刻，其中一头瞪羚展现出了它的独特优势——它的速度比其他同伴快 1 米/秒。

这头瞪羚的心跳如鼓点般急促，它知道，在这场与死亡赛跑的竞赛中，每一秒都至关重要。它的脚步轻盈而迅速，每一次触地都像是在和大地对话，每一次跃起都像是在和风一起舞蹈。狮子的利爪在阳光下闪烁着寒光，但这只瞪羚并没有被恐惧吞噬，因为它不需要跑得比狮子快，只需要比最慢的同伴快 1 米/秒，就够了。即使在弱肉强食的动物世界，微小的优势也能在生死存亡关头发挥决定性的作用。

让我们再来看看围棋界以微小优势缔造传奇的典型——韩国棋手李昌镐。李昌镐以稳健的棋风和深厚的实力著称。他在比赛中并不追求每手棋的妙手（即最高效率），而是追求每手棋达到 51% 的效率。老对手马晓春在谈论与李昌镐对局时曾说："如果满分是 10 分的话，那么李昌镐的棋初看每一步只能打 6 分到 7 分。但是，李昌镐没有坏棋……他的总分是最高的。"这也从侧面印证了李昌镐围棋哲学的精髓。正是这种围棋哲学让他通过持续、稳定的小优势积累，最终实现了在围棋领域的卓越成就。

你可能会觉得这一策略有些中庸,没有高歌猛进的戏剧色彩和热血沸腾的英雄主义,一点儿都不酷。但我们要思考一下,在实际对弈中,是每一手下出 51 分的概率高,还是下出 100 分妙手的概率高?究竟什么样的策略对最终取胜才更有效果?<u>妙手虽美,从另一个角度看却很可能是陷阱。</u>

让我们继续来看一个追求极致的理想主义在行政管理现实中溃败的例子。

皮埃尔-西蒙·拉普拉斯(Pierre-Simon Laplace)是法国著名的数学家和天文学家,被法国人民誉为"法国牛顿"。在他的学说中,有一个名字特别有趣的思想实验——"拉普拉斯妖"(Démon de Laplace)。他假想有一个"妖"或"恶魔"的存在。这个妖知道宇宙中每个原子和粒子的确切位置和动量,再应用物理定律对这些信息进行计算,它就可以回溯过去,洞悉现在,预测包括人类行为在内的一切未来事物。

这个思想实验是经典决定论的极端形式——认为所有事件的因果关系明确且不可避免。

这位信仰"100%"的科学家在自己的学术领域做得风生水起。1769 年 20 岁时,他进入法国最著名的军事院校巴黎军事学院任教授,等待着与他人生中一位至关重要的人物发生交集。

1799 年,30 岁的拿破仑成为第一执政。为了提高政府的公信力,他任命在知识界和政治圈中享有很高声誉的拉普拉斯为内政部长。但一朝平步青云的拉普拉斯并没有如拿破仑期待的那样在政界大显身手，而是试图用数学分析的精确性来解决复杂的政治和行政问题，这种做法显然不适应政府工作的实际需求。

于是，在仅仅六周之后，拿破仑就对这一任命感到后悔。他写信给自己最信任的古尔戈将军，吐槽道："拉普拉斯的行政能力令人憎恶。"随后，拉普拉斯被调离内政部长职位。

面对复杂的问题和混沌的领域，追求100%的精确和完美会让事务的推进陷入僵局，而只有容忍一定的模糊度和瑕疵，才能给智慧留下游走的空间。

在管理领域，相较拉普拉斯，亚马逊创始人杰夫·贝索斯则要高明多了。他提出了一种"70%信息决策法"。70是一个小幅度大于50的数值，没到80、90、100，不完美也不优秀，但对达成目标已经够了。

贝索斯认为，如果一个人坚持收集尽可能多的信息，如90%，甚至100%，然后在此基础上才做决策，那就太慢了，很可能错失良机。相反，掌握70%的信息量时，就是你做决策的好机会。这时候可以大胆一点，先开始做，之后再根据实际情况做调整。

每个人对"恰好"的理解都是不同的。"51分原则"就是你送给自己的一把关于何为恰好的度量衡。它不是在教你"凑合"和"差不多就得了"，而是帮你把自己从因为追求完美而拖延行动，拖着拖着拖成被动躺平的牢笼中解救出来。

51分原则会带来创新的空间和行动的勇气。它能推你一把，让你开始第一步。开始本身就是一种动人的力量，会给你带来全新的世界。

脸谱网的创始人兼首席执行官马克·扎克伯格在哈佛大学2017年毕业典礼上的演讲,就为我们强调了不完美主义和开始的重要性。

每一代人都有属于自己这一代的作品。比如,有超过30万人——包括那个看门人[1]——一起努力,让人类登上了月球;数百万志愿者为世界各地的小儿麻痹症患者打上了疫苗;数以百万计的人为建立胡佛水坝和其他伟大的项目贡献了自己的力量。

这些项目不仅仅为从事这些工作的人们提供了使命感,更让我们整个国家产生了一种我们可以成就伟大事业的自豪感。现在轮到我们来做一些伟大的事了。我知道,你可能会想:我不知道如何建造大坝,也不知道如何让一百万人参与到任何行动中。

但我想告诉你一个秘密:没有人从一开始就知道如何做,想法并不会在最初就完全成形。只有当你开始做以后,思路才会逐渐变得清晰。你只需要做一件事,那就是开始。

如果我必须在开始运营脸谱网之前就了解清楚如何把人连接在一起,那么我就不会启动这个网站了。

---

[1] 扎克伯格在前文提到,时任美国总统的肯尼迪在访问美国国家航空航天局时,看到了一个拿着扫帚的看门人,于是走过去问他在干什么。看门人回答说:"总统先生,我正在为把一个人送往月球出一份力。"——编者注

## 如何践行 51 分原则

很多人从小到大都没有被告知过这个道理：**人想成事，不需要好的开始。只要开始做，你就成功了一半。"好的开始"并不比"开始"高贵。**

不是先做好才能开始，而是坚定地执行 51 分原则，推自己去开始，才有可能做好。

那么说到这里，你可能会问，在实操中如何判断一件事的成功率大于 50% 呢？

祝贺你！你并不孤独。我在咨询中经常被问到这个问题。作为一个敏感的人，我其实在对话中就能大致判断出对方的成功率。那我是怎么做的呢？

这里有一个关键的窍门——犹豫。

只要不是做事完全不过脑的"疯子同学"，一个人会摇摆，就说明事有做成的概率，这就是 51 分的锚点。

你会说，啊？就这？这也太草率了。

那么我就来讲讲为什么这么多年我逼着自己去这样做。我就是个思虑过度的人。小时候，一件事情我如果没有掰开揉碎了经过 200 轮颅内预演，我是不会去做的。但后来我发现，**过度分析往往比果断行动更具危险性**。

你在纠结"要不要去做"这件事的时候，本质上已然承认了存在着一定的成功可能性，不然你早就放弃了。然而问题在于，犹豫的时长越久，成本便越高。犹豫的本质就是一种隐形成本，需要你付出的代价大多时候被低估了。在等待"完美时机"的进程中，可能别人已经去做了，并抢占了先机，可能环境和事情的需求已经发生了变化，更可怕的是，可能你的执行热情也被逐渐消磨殆尽了。

在你反复用各种句子问出"钱老师，你说我该不该……"这样的问题时，我会建议你去试试。用我会在第 7 章讲到的 MVP 策略去试试。与其这样坐着折磨自己的心智，不如去试试。这不是"赌一把"，而是以最低成本迅速验证核心假设。比如，不确定一个副业产品（如帮别人做精品 PPT）是否有市场？那就先做一个简化版，在朋友圈发出小海报，给认识的、觉得有需求的人士一对一讲一下自己的这个小产品。在小范围内测试用户，接收反馈，试一段时间，盘一下收益，就知道这是不是个适合自己的项目了。

在不确定的环境里，执行力本身就是一种稀缺能力，与其在犹豫中消耗机会，不如运用 51 分原则把"可能性"转化为"现实性"，让每一次小步试错累积成最终的胜利。

最后，让我们来看一个佛学中的譬喻故事。

有人问释迦牟尼"世界是有常还是无常的""世界有边还是无边"等一系列玄思的问题。释迦牟尼是这样回应的。

如果说一个人中了毒箭，身边的亲人急忙找来医生为他治疗，中箭的人却说，先别拔箭，我得先知道射箭的人叫什么名字，是何方人士，是高矮胖瘦，肤色是白是黑，属于哪个种姓，他的弓是什么材料做的，是黑色、白色、红色还是黄色，箭杆是什么材料，箭羽是用的鸡毛还是雕毛，箭头又是用什么打造的……要是这么一直问下去，恐怕还没得到答案就一命呜呼啦！

这则故事启示我们，要将行动置于冗思之前。面对现实问题，不应耽溺于无止境的形而上学思考。只要你发现自己在思考，在犹豫，在颅内进行一场巨型战争，这就说明你没有重视 51 分原则，你试图在思辨中穷尽问题的答案。这时，请喊停！

要知道，只有实践和行动才有可能终结苦痛，才是救人于水火的良药。

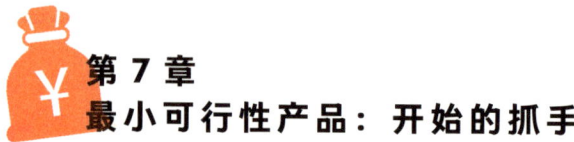

# 第 7 章
# 最小可行性产品：开始的抓手

了解开始行动的重要性之后，第一个问题来了：该从哪里开始呢？

> **开始的抓手**
>
> 开始的抓手 = 第一个最小可行性产品的诞生

"最小可行性产品"（minimum viable product，MVP）这个概念来自软件开发领域。这种策略允许开发者构建仅能满足早期用户基本需求的产品或网站。能跑起来，就是真实的开始，就是第一个里程碑。

至于产品好不好，初期反馈的收集是关键，它引导了产品功能集的完整开发与设计。这种方法不仅在开发的早期阶段验证了市场需求，也大幅降低了相关的风险和成本。

埃里克·莱斯（Eric Ries）在 2011 年的经典著作《精益创业》（*The Lean Startup*）一书中，把 MVP 概念应用到了创业领域，它也是精益创业方法论的核心。这个方法论强调的是加速开发周期、对产品进行迭代发布和通过用户的实际使用情况来学习。

MVP 策略,是逃离创业"死亡谷"[1]的必备方案。

举个例子,如果你想造一辆自行车,MVP 策略的理念不是花大量时间和精力去把每一个轮子和车座设计得完美,而是尽快组装出一辆可以骑行的自行车。之后,你可以通过用户的实际反馈了解他们对这辆自行车的真实需求,逐步优化和完善产品。这样不仅可以节省时间和成本,还能更快地进入市场,验证产品的可行性。

在这一过程中,要尽快找到产品的最简化版本,之后用这个契机启动学习和迭代。在不断变化的市场环境中,这种基于数据的决策方式能够显著提升创业项目的成功概率,赋予企业更强的市场应变能力和更快的应变速度。用最通俗的话讲,就是用最小的成本、最快的速度去试错,活下来,发展下去。

眼睛的进化过程就可以被看作一系列逐步改进的 MVP。

95% 的动物都有眼睛,而人的眼睛更是一套精密的光学系统。1860 年,英国生物学家查尔斯·达尔文在写给美国"植物学之父"阿萨·格雷(Asa Gray)的信中说到:"眼睛让我感到不寒而栗,但一想到那些已为人所知的精妙渐变阶段,我的理性就告诉自己,我必须克服这种不寒而栗。"

难怪这是一个让达尔文都感到困惑的器官。

眼睛最早的形态——眼睛的 MVP——出现在 5 亿多年前的寒

---

[1] 一般指创业后的 6〜12 个月。

武纪,仅由感光细胞组成,只能感受到光线的明和暗。尽管这些细胞无法形成清晰的图像,但它们却为生物提供了关键的生存优势,比如区分白天和黑夜或察觉潜在捕食者的能力。像最早的脊索动物皮卡虫,当捕食者出现在它们正上方的时候,它们可以通过感受光线的变化来钻进沙子里躲避。

这种功能和现在我们人类具有极高分辨度和色彩敏感度的眼睛无法相比,但在当时已经算是一种 MVP,一座里程碑。

随后,生物逐渐演化出了对感光细胞形成保护的结构。在拥有感光细胞的动物中,一部分选择用凹陷的结构保护这种细胞,例如鹦鹉螺的眼睛形成了前段有小孔的形状,位于眼睛底部的感光细胞能通过小孔成像的原理感受到物体的影像,也能对光线的方向进行判断。另一部分则进化出了"复眼",例如蜻蜓可以靠成千上万个小眼睛看到 360°的景象,更好地躲避天敌和捕食。

在数代以后,生物的眼睛逐步演化为更复杂和精细的结构,发育出了眼球,出现了可以变焦的晶状体和可以成像的视网膜,生物的适应能力也在不断提升。[1]

让我们再来看一个生活中常见的例子。喜欢看英美剧的朋友们一定对"试播集"这个词不陌生。

2006 年 5 月,编剧查克·洛尔(Chuck Lorre)和比尔·普拉

---

[1] 尼克·莱恩:《生命进化的跃升:40 亿年生命史上 10 个决定性突变》,梅菳芒译,文汇出版社,2020。

迪（Bill Prady）把他们的一个情景喜剧创意——天才宅男和美女合租一间公寓的故事——直接写成剧本，找几个演员朋友拍了出来。二人跳过了把故事大纲、人物介绍交给电视台的一般步骤，直接把拍好的剧集《莱尼、佩妮和肯尼》（*Lenny, Penny and Kenny*）播放给哥伦比亚广播公司（CBS）当时的老板莱斯利·穆恩维斯（Leslie Moonves）看。在获得穆恩维斯的首肯后，两个人开始着手拍摄第一个试播集。

试播集的精彩程度往往决定着一部新开发剧集的"生死"——剧集能否被订购，能拿到多少制作资金，会在什么时段播放等问题，都是在试播集完成后才被最终敲定的。可以说，试播集是制作人和公司谈判的筹码。为了获得更好的条件，试播集的品质可以说是代表了整部剧的最高水准。

然而在试播之后，CBS 高层并不看好这一集，甚至认为它"烂透了"。为了拿到投资，二人不得不推翻剧本设定，重新进行构思。

最终，他们把女主角从找不到住处的"悍妇"凯蒂改成了更加乐观善良、有自己的工作和住所的佩妮，把对白和布景设计变得更加明快，还增加了科学元素。这部剧的正式剧集就是为人们熟知的《生活大爆炸》（*The Big Bang Theory*），自 2007 年 9 月首播之后一播就是 12 年，直到 2019 年 5 月。

一部剧集的制作往往需要投入很高的成本，因此与其直接投资一整部剧，通过拍摄试播集来判断此项目是否具备播出价值、能否被观众接受，是极具性价比的。试播集制作完成之后，制作方一般会在电视网高层内部进行试播,然后开展小规模的观影活动,通过大家的评价和反响来判断其是否有价值被开发成正式剧集。制作方会通过这样的方式,把成本和风险控制在最低。

亚马逊工作室更是会把试播集通过旗下平台 Instant Video 免费放送,再根据观众的数量及其反馈来决定是否要订购整部剧集。

在这里,试播集就是一个 MVP,是一座里程碑。

## 开始不需要 B 计划

关于开始,我还有一个想强调的要点,就是没有必要制订 B 计划。如果有 B 计划的话,你会时时刻刻纠结:这个 A 计划好难啊,可能不适合我,不是我的本命,要不试试 B 计划?

美国威斯康星大学商学院教授申智惠和宾夕法尼亚大学沃顿商学院的凯瑟琳·L.米尔克曼共同进行了一系列关于目标欲望和计划对行为影响的实验。实验结论指出,核心计划最好不要有备用计划——制订备用计划容易让核心计划流产。[1] 申和米尔克曼通过一系列实验测试了这个想法。

参与者需要完成一个解码混乱句子的任务,并被告知如果表现出色,他们将获得免费小吃或提前离开研究的机会。

---

[1] Jihae Shin & Katherine L. Milkman,"How backup plans can harm goal pursuit: The unexpected downside of being prepared for failure," *Organizational Behavior and Human Decision Processes* 135(2016): 1–9. https://doi.org/10.1016/j.obhdp.2016.04.003.

实验发现，被指引去制订 B 计划的小组在任务中表现较差。后续实验还揭示了引发这一效应的关键因素：当拥有备用计划后，人们达成目标的欲望变弱了，这让他们遇到困难后更想跑了。

在开始追求目标的时候，B 计划是一种额外的负担，会带来动力上的压力和分心的诱惑，并影响 A 计划的完成度。

关于开始的讨论我们就先进行到这里，下面来讲讲和谁一起开始。

# 第 8 章
## 一个人开始：赚钱不需要手拉手

拥有 40 家公司，雇用 7.1 万人，年销售额达 240 亿美元的维珍（Virgin）集团的创始人、亿万富翁和明星企业家理查德·布兰森（Richard Branson）如此讲述自己在 1970 年第一次被合伙人背叛的经历，那年他 20 岁："1970 年的一天，我回到办公室，发现尼克已经占据了我的办公桌。由于疏忽，他留下一份写给全体工作人员的备忘录草稿。这是一个取消我作为出版人和编辑的资格的计划：他将控制《学子》杂志的编辑和财务，将它变成一个合作机构。我将变成一个普通的团队成员，而且，每个人都将平等地决定杂志的编辑方向。"

"合伙人"在现代商业中是一个高频词。人们在发展财富和创业时往往容易陷入一种误区——"团队主义"偏执。似乎只要想做点儿事就非要有个团队不可，不然就是"小打小闹"，上不了台面。团队合作这个词让人激情澎湃，显得有人支持，被人簇拥，反寂寞，不孤独。但我想提醒大家，要做成事，第一步就需要打破这种凡事都想找人同行的执念。<u>事实上，并没有那么多适合一起做事的人，也不是每个人都有应对权力和利益的心胸和智慧。</u>

"咱们一起做吧。"

在理想的故事中，同伴们怀着对未来的期许，彼此相知相惜，一同前行。甚至因为彼此的存在，困难和风险都显得无足轻重。但在真正开始之后，故事的走向变得千奇百怪。曾经某个时间点上的展望，在照进现实的时候都变了模样。

正如古希腊哲学家赫拉克利特所说，"人无法两次踏入同一条河流"，万事万物都处在不断的运动和变化之中。在一个点上的预期，是经受不住多点的变化的。做事之初的友好关系，会因为你变了、他变了、你们的事变了，也跟着变化。我们期待的"永远"，随着世事变迁和积累财富的复杂任务的挑战，也会发酵出不同的味道。

荣获奥斯卡最佳影片提名的电影《社交网络》（*The Social Network*）改编自一个真实的故事。哈佛大学二年级的天才学生马克·扎克伯格和好友爱德华多·萨维林（Eduardo Saverin）共同创办了一个社交网站，就是后来鼎鼎大名的脸谱网。公司发展得非常顺利，但人性的考验也伴随着财富和名声而来。因为各种利益冲突和意见分歧，二人的关系开始破裂。扎克伯格着手稀释萨维林的股权，将他踢出公司。而萨维林则将脸谱网告上了法庭。这场成功的创业最终以合伙人反目成仇收场。

创造新收入这个复杂的使命会挑动起人性的很多层面，这个过

程中充满了纠结、委屈和不平,你的内心可能会撕裂、会呐喊:

"他好自私!"

"他怎么这样!"

"他好讨厌!"

一旦合作内耗加剧,1+1 会小于 2,甚至小于 1。这时候该怎么办?

## 《三个和尚》与专业化分工的迷思

我刚进入商学院的时候,经济学老师讲的第一课就是《国富论》。这是苏格兰经济学家亚当·斯密发表于 1776 年的一部经典著作,时隔 200 多年依然畅销全球。书中有一个关于别针工厂的例子。别针制造大概分为几个步骤:拉出细铁丝、剪断铁丝、磨尖针头、打磨针身、安装针头和包装别针。如果一个工人独立完成全部流程,一天只能做出几根别针。但如果每个工人只专注制造过程中的一个或几个小步骤,生产效率会大幅提升。

亚当·斯密指出,这就是合作的价值。分工和生产力的提升是经济学中的重要概念。

但在世界的另一端,分工和谐、提高效率的粉红泡泡被打破了。

小时候大家都看过一部经典的动画片——《三个和尚》。它讲述了这样一个故事:

从前,山上有座小庙。庙里一直没人打理,直到有一天,来了一个穿红衣服的小和尚。他每天在庙里念经，注意到庙里观音菩萨像前的植物因为没水喝快枯死了。于是，他就自己去河边挑水、浇植物，就这样在庙里安顿下来。这种独立工作的模式很简单，他的日子过得很平静。

有一天，一个穿蓝衣服的瘦高和尚也来到了庙里。他又累又渴，一来就喝光了庙里的水，红衣和尚就让他自己去挑水。分工就这样开始了。蓝衣和尚挑水回来后，看到红衣和尚在庙里无所事事，心里就有点儿不平衡。他俩都不想自己去挑水，商量后决定一起去抬水，但每次只能抬一桶，效率并不高。

又一天，一个穿黄衣服的胖和尚也来到了庙里，情况变得更加复杂。他也想喝水，但庙里没水了，红衣和尚和蓝衣和尚就让他去挑水。黄衣和尚挑了水回来，看到另外两个和尚没帮忙，心里也不平衡，就把自己挑的水喝光了。每个人都觉得不公平的分工让大家都不愿意和其他人分享自己挑的水，于是从那以后，没人挑水了。庙里的水又没了，植物也枯了。

这就是为什么我们常说"一个和尚挑水吃，两个和尚抬水吃，三个和尚没水吃"。

简单来看，三个和尚之所以没水吃，是因为分工不明，互相推诿。人多了，反而没人干活了。

但在现实世界中，问题要复杂得多。分工的共识在初期很容易达成，不然合作根本不会开始。初期的分工明确：你做这个，我做那个，这部分没问题。但随着时间推移，大家就会发现，分好工之后，对工作量的理解会产生变化。更可怕的是，工作量有时靠的是主观判断。这时各方的心态就会逐渐微妙，嫌隙丛生。

比如，两个人谈好了合伙做早餐生意。根据特长，一个人负责做，另一个人负责卖。负责做的比较辛苦，拿利润的 6 成，负责卖的拿 4 成。

两个月过去了，生意很不好，负责做的人累得要死，但负责卖的很清闲，每天都没有几单生意。

这时候，挑战来了：负责做的人觉得，是卖的人不懂销售，所以生意惨淡。更让他愤愤不平的是，他还要把为数不多的利润分给整日无所事事的同伴；而卖的人同样很委屈，他觉得是做的人不懂餐饮，做出的产品不符合市场需求，所以生意惨淡，甚至认为做这个生意是在白白浪费自己的时间。有这个工夫，打个小时工也比卖早餐赚得多。

你可能觉得，是因为生意不好，两个人才会相看两厌。那如果生意好呢？是不是就没问题了？

试想一下，就算生意好，两个人的关系一样会面临挑战。生意好，做的人很可能会将其归功于自己的厨艺好。一想到主要的活儿都是自己干的，卖的人却要分走 4 成的利润，他就觉得心不甘情不愿。而卖的人同样觉得，生意好是因为我销售能力强，回头客多，附近的熟客都认我们家，而且我打包快，所以外卖效率也高，外卖骑手都喜欢在附近等活儿，形成了良性循环。自己每天迎来送往忙得不可开交，还让做的人拿了大头，好亏。

为什么会这样？

当一项创造新收入的尝试，比如一个小生意的合伙双方都粗暴地低估了对方的专业性，甚至狭隘地觉得对方可以被任何人轻易取代的时候，这种源自心底的偏见、误解所导致的后果，远不止表面上的效率低下这么简单。分歧、冲突、信任的崩塌最终会压垮合作的路。

这也是为什么存活够久的小生意一般以夫妻和家族为单位。因为在这种情境下，亲密的利益共同体容得了"错位"，扩得开"心胸"。

## 各利场上的人性风云

《恺撒之死》(The Death of Caesar)的作者巴里·施特劳斯（Barry Strauss）是美国康奈尔大学历史与西洋古典学教授、古代军事史首屈一指的专家。施特劳斯给出了他对恺撒之死这一罗马历史上最大谜团之一的分析：尤利乌斯·恺撒谋杀案是一桩精心策划的准军事行动，参与者包括恺撒手下最信任和器重的一些人——布鲁图斯、卡西乌斯、德奇姆斯、西塞罗、安东尼、屋大维等几十人。这些人一起谋划了一场刺杀。

公元前44年3月15日，尽管恺撒试图抵抗，但在连中23刀后，他倒在了血泊之中。布鲁图斯，他信任的朋友之一，据说给了他最后一击。这一刀不仅结束了恺撒的生命，也标志着罗马共和国的终结。

这些与恺撒关系亲密的人为什么要背叛他？

表面上，刺客们刺杀恺撒的目的一致：反对恺撒征服帕提亚，阻止恺撒成为无人可挡的专制君主。但事实上，大部分参与者的动机不过是个人利益的纠葛和对权力的觊觎。驱使他们的是不能满足的野心、无处安放的嫉妒……

讽刺的是，恺撒死后，大家找到了他的遗嘱。在遗嘱里，刺杀者们都被委以重任。

更讽刺的是，在恺撒死后不到三年，这群刺客也没有"成功创业"，而是选择了继续背叛彼此。

因为共事，所以亲密。因为亲密，所以了解彼此。因为了解彼此，所以在斗争中败阵或感到利益分配非常不公平的时候，曾经的漏洞和不为人知的信息就会变成"黑料"，成为背后的一把刀。在共事的过程中，权力、地位、财富的大手搅动起的人性阴暗，远远超出我们的想象。

1983 年，彼得·彼得森（Peter Peterson）和路易斯·格吕克斯曼（Lewis Glucksman）共同出任雷曼兄弟（Lehman Brothers）的联合首席执行官。在此之前，彼得·彼得森已经在首席执行官的位子上坐了 10 年，通过重组和扩展业务使公司取得了显著的增长。

一个业绩出众、拥有 10 年资历的首席执行官是没必要和别人分享权力的。

这个联合首席执行官的灵感，来源于彼得森和格吕克斯曼陪高盛公司的两个掌门人共进的一次早餐。这次早餐氛围轻松又热情友好，而高盛公司在联合首席执行官治理下一派繁荣的景象让彼得森动了念头。格吕克斯曼在担任总裁期间为公司做出了巨大贡献，特别是在银行业务和证券交易方面表现出色。彼得森认为，二人联手之后，自己可以负责对外事务，与企业和政府交流，而格吕克斯曼可以直接管理公司的运营。格吕克斯曼也向彼得森表达了合作的意愿，曾送给彼得森一张手写的纸条，表达了他对两人关系的珍惜。

这个"愚蠢"的念头不仅没有获得历史记录的认同，也被他们身边所有的人反对。联合首席执行官制度在以往的实践中效果很差，在商业领域通过层层竞争达到事业顶峰的人往往都控制不住自己的自负，难以与他人分享权力。

彼得森的妻子告诫丈夫："格吕克斯曼可是个贪心不足的人，你给他一个指甲，他可能会要你一条胳膊。"

彼得森没有听任何人的劝阻，走出了这一步。出任联合首席执行官之后，他和格吕克斯曼有过短暂的蜜月期，格吕克斯曼还投其所好地送给他艺术品。

但在仅仅 6 周之后，格吕克斯曼就对彼得森表达了对现状的不满。他觉得自己在一线辛辛苦苦打拼，撑起雷曼兄弟方方面面的业务，而彼得森则坐享其成，成为大家眼里的明星、公众心中雷曼兄弟的代言人，还与政府和各大公司的巨头们一起夜夜笙歌、吃喝玩乐。他觉得自己无法尊重彼得森，认为后者获得的一切都源于他之前的政界经历，而不是个人能力。

这次会面之后，彼得森给妻子打了电话，说："你是对的。"他妻子用了一个升级的比喻："你给他一条胳膊，他就想要你的脑袋。"彼得森说："没错。"脸皮撕破后，彼得森找来更高层做调解，而对方显然对权力毫不让步。彼得森无心恋栈，最后拿了一大笔钱、股权以及其他权益离开。

合伙是甜蜜的，挑战也是巨大的。彼得森在这次被"坑"之前当过尼克松政府的商务部长，执掌过多家企业，在多年沉浮中积累和磨砺出的能力到合伙人嘴里只变成了一句轻飘飘的"政界经历"。商场上有句话，可能很适合做我们大家创造新收入的座右铭——"夜路走得多，总会遇到鬼"。

无论是大公司的首席执行官还是白手起家的小生意，起初，合伙双方都抱着要达成"1+1＞2"的憧憬。但合伙可不是两个独立个体的简单相加。双方思维方式产生的错位带来的职责重叠与空白，以及价值观的冲突、分歧，即使在各有所长的前提下也无法达成互补效应，最后连"1+1=2"的这个恒等式也难以达成。

三个和尚没水吃的困境有一个重要但很少被讨论的点——决策人不明。分工不明的本质是没有一个决定分工计划的人。三个人都决定，等于谁都决定不了。这也是发展财富初期的合伙方会遇到的困境。干活的人和决策的人是一体的，于是混淆了真正的问题。

公司、组织这些名词之所以出现，是为了达成一致的目标、提高效率。

纵观人类历史，当你想防止一个人拥有太多权力时，可以通过增加合伙人，设立委员会、董事会等手段来削弱这种权力。

反之，想要迅速成事，就需要让决策权集中，比如，罗马人在打仗时就选举了一位决策人来掌控一切，去赢得胜利。

在创造新收入的初期，怎么做最有效率？

答案很清晰：少加入决策参与人。一个人决策，一个人开始。

请注意，这并不意味着要一个人做所有事，而是要把决策人的数目限定在1。决策人的数目清爽、简单，帮忙的人数有所节制、按需安排。

曾经帮助成千上万创业者获得融资、组建团队的硅谷偶像投资人纳瓦尔对此有过很好的诠释："我认为信息革命正在打破交流障碍。它表明，企业的最佳规模正在从数千人缩减到几百人，甚至几十人，也许最终会缩减到一个人。"

单一创始人并不可怕。甲骨文和客户关系管理软件供应商Salesforce等公司都是由单一创始人创立的。即使是双创始人的公司，随着时间推移，通常也会有一个创始人离开，而另一个创始人成为主导。例如，在苹果公司，乔布斯最终占据了主导地位；在微软，比尔·盖茨成为主导，保罗·艾伦则逐渐淡出。

沃伦·巴菲特的生意就是从送报纸、上门卖口香糖的单人事业开始的，关于为什么，他在《成为沃伦·巴菲特》中解释道："我喜欢做自己的老板。这是我喜欢投递报纸的原因。没人会在早晨五六点钟打扰我。"

而他这个一人计划一直延续到第一次创业。1956年，沃伦·巴菲特创立了巴菲特合伙公司（Buffett Partnership, Ltd.），资金合伙，决策一人。在创立后前 6 年里，巴菲特独自经营这家公司，亲自进行所有的投资分析和决策，专注寻找被低估的股票进行投资。这期间，公司的平均年回报率远高于市场平均水平。

## 新收入创造者的底色

你可能会说，好吧，一个人很有效率，但真的好没意思，我干什么都想拉上别人。这可怎么办？

本质上，作为核心决策者，独处是必要的。想要创造新收入，孤独是一堂永不结业的必修课。

沃伦·巴菲特的孩子们回忆起父亲在家的时光时说，他总是在楼上，看书或者做他自己的事情。与巴菲特分居的妻子苏珊·巴菲特曾这样意味深长地评价他："他是孤独且与人疏离的。他这辈子都没有经过真正的调整和改造。他是一个幽默的人，而幽默的人都是有'护城河'的。因为他害怕。他不知道谁可以走进自己的内心。"

英国理论物理学家弗里曼·戴森（Freeman Dyson）写过一本《模式创造者》(*Maker of Patterns*)。这本书收录了戴森于 1940—1980 年间写给家人的数百封信和一些对信件的描述和解读，是一本提供一手记录的自传。戴森在多封信中观察了身边人的孤独，还分享了自己作为物理学家的洞见。他觉得孤独是有多维层次的，人类的友善有时候可以被归因于空间上的孤独，而比空间上的孤独更为深层的，是时间或生命维度上的孤独。

例如，美国的二代移民对父母在欧洲、非洲、亚洲等地的历史，移民的原因和情感背景几乎一无所知，而且毫不关心。这种断链会让人缺少生活的背景，而这些也让他们比看起来冷漠的英国人更孤独。

如今，普通人创造新收入之举有时就是事业上的一种"移民"。我们把脚从一潭泥淖中拔出来，放入另一潭，希望能有所得。我们过去交往过的所有亲近的人——亲人、朋友、同事——都不懂我们在做什么。这种孤独感会伴随你的左右。

你可以找到和孤独相处的模式，并把对它的控制权留给自己。

老年的巴菲特依然对如何看人和处理人际关系的复杂问题感到困惑。他告诉 HBO 的记者："有时候，关于人的问题没有什么好的答案，但关于钱的问题总有好的答案。"

这一章，我们聊了一个人开始以及决策人唯一这两个重要的点。下一章，我们来讲讲当你一个人应付不来的时候该怎么办。

## 第 9 章
## 雇用：人力杠杆撬动财富增长

我认为像我这样的人最重要的工作是招聘……我的成功故事建立在发掘很多才华横溢、不甘平庸的人共事的基础上。而且我不满足于 B 级和 C 级员工，而是要找到 A 级员工，哪怕只有 5 个。他们会爱上和彼此一起工作的感觉。他们不会走，他们会不再愿意和平庸的人合作。团队会自己增长起来。

雇用聪明的人然后告诉他们该做什么是没有意义的。我们雇用聪明的人是为了让他们告诉我们该做什么。

与优秀的人合作时，你不需要去照顾他们的自尊。大家都在埋头工作，大家知道最重要的是完成工作。就算做错了，你只要告诉他们如何回到正轨即可。不需要留有解释的余地，做得不好就是不好。

如果不说，你可能会觉得这是某个公司的人力资源总监的工作日志或者经验分享。

事实上，这些是苹果的联合创始人史蒂夫·乔布斯在不同场合关于如何吸引和管理人才的发言。脸谱网的创办人扎克伯格也常说，他把至少一半的时间花在招募人才上。鞋类销售公司 Zappos 的前首席执行官谢家华的社交媒体主页就像公司的招聘页面，他把职业生涯中很大一部分时间都花在了人才招募和发展上。

人力资源是首席执行官的工程，反之亦然，首席执行官工作中的一大部分是关于人的工作。

<u>我们都不是乔布斯那样成功的领头人，但从某种意义上讲，其实所有创造新收入的事情，无论大小，最后都会涉及雇用。一个人做决策，一个人开始，一个人干，完全没问题，但当业务量多的时候，就会涉及雇用。</u>

这种情况会考察领头人的三个能力。

① 招募最合适的人才诉诸增量的能力
② 创建让人才发挥最佳状态的文化的能力
③ 妥善安放自己权力的能力

## 招募最合适的人才诉诸增量

《西游记》是关于玄奘和尚取经之旅的史诗故事，是中国文学史上最具影响力的作品之一。作者吴承恩出生于一个没落的商人家庭，通过写文章在社会底层维持清贫的生活。他对人际关系的理解丰富，对个体与自我的撕扯也有属于自己的探索。

在《西游记》中，唐僧（玄奘）作为取经队伍的领袖，是唯一的决策人。他负责做出所有重要的决策，完成取经使命。唐僧团队的招募工作可圈可点，每个岗位上的人和岗位职责的匹配都做得很棒。说到这里，观音菩萨功不可没——吴承恩在文学作品中虚拟了一个奢侈的人力岗位。事实上，在这个创业阶段，人力资源主管和老板通常是一个人。

孙悟空是团队的主力保护者，是外聘的顶尖人才，凭借金箍棒、七十二变的技能和各种计谋化解危机。在"三打白骨精"一节，他识破了白骨精的变化；在"火焰山"一节，他借到芭蕉扇，扑灭了火焰。在取经路上，悟空多次打败妖魔和恶人，保护了师父和大家的安全，帮助处于苦难中的人解决了核心难题。

猪八戒是团队的辅助者。虽然他懒散、贪吃、好色，恰恰展现了普通人的真实面貌，但他也松弛、幽默、乐观，让困难重重的取经之路不再无聊，并充分衬托了其他成员的优秀特质。他起到了润滑剂的作用，缓解了唐僧的固执与孙悟空的急躁之间的矛盾。同时，他还力大无穷，在关键时刻也能发挥重要作用。在"女儿国"一节，他和孙悟空一起保护唐僧，战胜了重重诱惑，继续前行。

沙僧是团队的后勤支持者，负责挑担、牵马和行政工作。他忠诚稳重，默默支持团队的前行。在"大战红孩儿"一节，尽管他没有孙悟空那样的神通，但他的稳定和可靠为团队提供了重要支持。

我们普通人在雇人的时候也是一样，要琢磨好：这个人来以后，增量是什么，又消耗了什么？综合考虑二者以后，要判断团队是不是吃得消，这个人的到来到底是加分还是减分。

这里还想要提醒大家的是，给自己的团队增加人手的时候要格外慎重，速度可以慢之又慢。

我曾经访问过一家迅速成长的企业的创始人。在 B 轮融资后 8 个月的时间内，公司规模从 70 人增长到 700 人。我问了他一个问题：人多了以后你有什么感觉呢？他说，感受到了强大的压迫感和效率的断崖式下降。每个项目的人多了起来，大家开始躲着责任、逃避问题，各种会议像是甩锅大战。

责任的分摊和人数直接相关。20 世纪 60 年代，美国达拉斯大学的心理学家约翰·达利（John Darley）和比布·拉塔内（Bibb Latané）提出了著名的"旁观者效应"——当有更多旁观者在场时，个人扛起救人责任、提供帮助的可能性会显著降低。

在他们的实验中，研究人员安排的一名演员假装癫痫发作，看路过的参与者会不会施救。当参与者认为自己是唯一的旁观者时，他们会更迅速地采取行动。然而，当参与者认为有其他人在场时，他们采取行动的速度显著降低。如果参与者是独自一人，大约有 85% 的参与者在几分钟内就会采取行动助人。当有 2～3 名旁观者时，助人的比例会降至 62%。有 5～6 个人在场时，只有 31% 的参与者会主动去帮助。

除了人多后人均责任感下降的因素，每多一个人，就是多一份情绪、权力与欲望的场域。也许你暂时不需要处理这些问题,但它们必然存在。想让一个人逐步放下自己的执念去和另一个同样有执念的人合作,是一种比你想象中更漫长的过程。

## 创建让人才发挥最佳状态的文化

除了对增量的追寻,我们还需要提醒自己一个常识:除了挑选能提供价值的合适的人,还需要创建一种能让这些人才发挥最佳状态的文化。这是常常被人忽视的一点。

《管理杂志》在2015年刊登了一个有意思的研究[1],研究者告诉我们:优秀的人在感到自己被尊重和公平对待的时候,会展现出更强的合作行为。

举个例子。假设你在一家公司工作,管理层需要决定如何分配年终奖金。如果公司在做出这个决策前进行了调查、绩效评估等一系列公开程序,征求员工的意见,而且奖金分配的标准和依据是非常透明的,那么那些工作表现积极的优秀员工会因为感到被尊重和公平对待而更愿意为公司做出贡献,比如主动加班或帮助同事完成任务。

---

1 Marius van Dijke, David De Cremer, Lieven Brebels, and Niels Van Quaquebeke, "Willing and Able: Action-State Orientation and the Relation Between Procedural Justice and Employee Cooperation," *Journal of Management* 41, no. 7(2015): 1982–2003. https://doi.org/10.1177/0149206313478187.

也就是说，组织中好的氛围感也是一种权力的让渡，可以提升人们的获得感，是一种增量。

我参加和旁听过不少企业的会议。令人沮丧的是，从第三方的角度看，很多会议举行的唯一目的似乎就是掩盖真相和推卸责任。

大家在乎的不是组织的利益和事务，而是自己的情绪和对错。

乔布斯对自己的定位是这样的：我不需要保持正确，我经常承认错误，这没有什么大不了的。我在乎的是我们最后做了正确的事。

在他晚年的一次采访中，有记者问他，人们愿意指出你的错误吗？

乔布斯说：当然。我们经常争论。

记者问：你希望自己每次都赢吗？

乔布斯表示，我当然希望我赢，但这是不可能的。你想雇用优秀的人才并希望他们一直为己所用，那么你就需要让他们自己来做很多决定。你需要让这个公司是由各种好办法和好想法撑起来的，而不是被领导的层级和办公室政治支配。好的想法必须胜出，不然人才就都跑光了。

从这个角度看，领导者的心胸就是环境和文化本身。可以说，没有心胸，就没有创业者精神。心胸是创造新收入者的灵魂。

还记得维珍创始人理查德·布兰森的例子吗？他在被尼克背叛之后妥善处理了事情，保住了自己的位子。之后没多久，因为欣赏背叛过他的尼克的财务管理能力，为了公司的业务拓展，他把尼克请了回来。他在自传中回忆道："尼克曾计划把我赶走，但我忘掉那段不快，跟他商量说，如果他来跟我合作，那我就向他提供维珍邮购公司 40% 的股份。他立刻答应了。我们从没就四六分成的事展开谈判。我想，我俩都觉得这个比例公平地反映了我们各自在这桩生意中的投入。"

多年之后的 2022 年，在史蒂文·巴特利特（Steven Bartlett）的播客节目《CEO 日记》（*The Diary of a CEO*）中，理查德·布兰森分享了自己作为一个有阅读障碍的"笨蛋"还能管理公司的故事。他告诉年轻的创业者，关键是要找到会的人，而不是自己什么都会。他认为这是自己独特的能力，"我只是擅长与人相处。我可以信任别人。我周围都是非常优秀的人"。

这几乎是能成事之人的共通之处——心胸像大海一样宽广，无论被辜负多少次，依然可以信任，可以授权，可以合作，可以认为自己"擅长与人相处"。

回到我们的中式职场。一位体制内的老领导在看过我写的第一部职场科普书《我有自己的宇宙》后，和我进行了一次长谈。我们聊到了人在职场上的成熟。

我说："我觉得人在某一刻会有一次对职场的顿悟，会忽然想通，然后把一直以来让自己堵心的东西吐出去，从此开始打心眼里接受和践行一些观念，走向人生的第二个阶段。"

我问他："对您来说，这个分水岭是什么？我们各自写下来吧。"

他的是：即便痛苦也要感恩。

我的是：大数据看人。

其实我们想表达的是同一个意思。他认为职场上大部分人之所以断送前途，是因为意气用事。A 对我很好，帮了我三件事，但没有帮我第四和第五件，而是去帮了 B，我觉得他变了。于是我开始疏远他、痛恨他，甚至到处和别人抱怨他的不公。很自然，A 会感受到这些态度，我的话也会传到他的耳朵里。到第六七八件事的时候，我们结的这个梁子就算是解不开了。他此生都不会帮我，而且出于委屈和恨，可能还会给我的发展继续带来负面作用。要知道，做成一件事需要几个人的谋划，但搅黄一件事一个人就够了。

成熟就意味着要意识到，想做成一件事，不管是生意还是职场发展，其实都在于利益的索取，在一个时间段，当蛋糕大小固定的时候，成事的本质就是掠夺。你的获得就是他人的失去，就是某种不公平。所以，人不能以点带面，纯洁的完美主义不是道德高尚，反而是全能自恋。只有当世界是围着你一个人转的时候，别人才会每次都帮你，每次都让你拥有"公平"，每次都如你所愿。但世界是大家的，人与人的关系综合来看不亏欠就好，总结起来就是"即使被辜负，即使现在痛苦，也要继续好好地相处，也要感恩"。这也是我写下的"大数据看人"的意思——拉大算法的容量，心胸就宽了。

很多人倡导创造宽松、扁平的工作环境，认为这样可以促使优秀的人彼此陪伴，锐意创新。这里有一个危险的假设：优秀的人，也是人品良好、能严格约束自己的人。事实可不一定如此。

前文提到的彼得·彼得森曾分享过自己接管雷曼兄弟后的一些观察。雷曼兄弟成立于 1850 年，是一家全球性的金融服务公司，提供投资银行、金融交易和投资管理等服务。20世纪70年代，雷曼兄弟已经成为华尔街的重要机构之一，它的招聘要求和如今顶尖金融机构的类似，也是三件套：优秀学校的顶尖GPA（哈佛大学、耶鲁大学、普林斯顿大学等常春藤盟校，以及宾夕法尼亚大学沃顿商学院、芝加哥大学布斯商学院、斯坦福大学商学院等顶尖商学院中的好成绩）+ 优秀的能力（分析能力、沟通能力、解决问题能力、团队合作能力）+ 优秀的实习和活动经历（在其他顶尖投行、咨询公司或金融机构的实习经历以及参与学生组织、投资俱乐部或其他相关活动的经历，需要展示出领导能力和团队合作经验）。

被这样的标准筛选出来的是毋庸置疑的A级人才。在理想的情况下，A级人才在A级机构，约束的作用应该可以忽略不计。然而，有趣的事情发生了，彼得森发现了一些宛如笑话的现象。用他的话说，任何脱口秀演员拿这些现象去做素材，都能产出爆点笑料。

雷曼兄弟的年终奖几乎是在保密状态下由几个人随意决定的，完全没有章程。这引发了一些员工的不满。彼得森是一位有丰富管理经验并对数字和利润极其关注的人，上任之后，他开始着手调整绩效制度。他选择了三名最受尊重和信任的银行家合伙人负责同行审查，同时建立了对每名员工的三项绩效考核标准：新开发的业务、现有业务的状况以及为了公司的健康成长在管理方面做出的贡献，例如与他人合作得好不好、是否帮助培训新员工等。

前两项是可衡量的客观量化指标，但没想到量化起来却非常困难。他们将上一年度所有新银行业务逐项详细列出，同行审查委员会与参与这些交易的每一位银行家进行面谈，目的是确定在这些新开发的业务中每个人起的作用各占多大比例。

结果非常滑稽。上一年度雷曼兄弟平均每笔信贷业务的工作量总额高达450%！每项任务都有超额的人数认领了超额的比例。但实际上，他们中的很多人几乎没做多少贡献，甚至与这些业务一点儿关系都没有。

其中有一项万国收割机公司（International Harvester）的贷款业务是彼得森本人从头到尾单独负责的，他比较熟悉情况。按理说，这项业务中其他人申报的工作量应该为零，但仍然有7名合伙人声称对该公司的信贷业务有自己的一份功劳，他们认领的工作量比例累计达270%。

所以在讲利益的场所，仅靠诚实的品质是不行的，利益这只无形的手会让人面目全非。恰当的制度、明确的分配机制和强有力的监管才能帮人展现出善良美好的一面，这也是每个财富发展者在牵头一个项目、进行文化建设时需要牢记的部分。

## 妥善安放自己的权力

除了找到合适的人和使其发挥好的作用，在创造新收入的时候，还有一个绕不过去的能力——妥善安放决策者自己权力的能力。有了可以分配任务的人以后，你需要的是加倍的谨慎。

1961年，美国耶鲁大学的心理学家斯坦利·米尔格拉姆（Stanley Milgram）进行了一系列社会心理学实验，旨在研究人们在权威命令下的服从程度。实验招募了40名男性，参与一项关于记忆和学习的研究。每名参与者都被安排与一名实验助手（假扮成另一名参与者）一起参加实验，通过抽签决定谁是"教师"，谁是"学生"。实际上，抽签结果是预先安排好的，真正的参与者总会扮演"教师"，而实验助手会扮演"学生"。

"教师"被带到一个控制室，面前有一个电击生成器，刻度从15伏（轻微电击）到450伏（危险！严重电击）不等。"学生"则被绑在椅子上，假装连接着电击设备。"教师"被要求向"学生"朗读一系列单词组并要求"学生"答题，当"学生"回答错误时，"教师"要按下按钮给予电击。但事实上，"学生"没有真正受到电击，而是按照剧本表演出逐渐加剧的痛苦反应。

当"教师"表示不愿继续参加实验时，实验指导者（穿白大褂的权威人物）会用一系列预先设定的指令鼓励他们继续，如"请继续""实验要求你继续""你继续下去是绝对必要的"等。如果"教师"问"学生"是否会遭受永久性的身体伤害，实验指导者会回答说，电击可能很痛苦，但不会造成永久性组织损伤，所以请继续。如果"教师"说"学生"显然想喊停，实验指导者会回答说，不管"学生"喜欢与否，你必须继续下去，直到他正确掌握所有的单词组，所以请继续。

尽管一些参与者表示不适或者不想继续，但仍然有65%的参与者将电击强度提高到了 450 伏的最大值。

米尔格拉姆的实验引发了广泛的伦理争议,但这项实验的发现也是令人震撼的。

实验结果发现,大多数人在得到权威允许和手握权力的时候会违背个人道德标准,执行对他人有害的命令。

我们比自己想的要"恶"一些。

米尔格拉姆后来的研究探索了实验地点对服从水平的影响。他改在繁华都市的一个未注册的偏僻办公室里,而不是在耶鲁这所受人尊敬的大学里进行实验。实验结果表明,虽然服从程度有所下降,但并没有显著降低。也就是说,人们还是手握着权力,为了"对"的结果,在过程中施展了"恶"。

这些发现引人深思。在创造新收入的过程中,雇用的人数哪怕只有 1,也意味着我们拥有了全新的角色。当手持结果正义,想要把事情做好,又拥有了领导者的权力时,我们需要格外慎重,这样才能走得更远。

# 第 10 章
## 合伙的必要条件：爱

在创造新收入的路上，即使你已经下定决心一个人开始，随着业务的发展，你可能还是会无数次心痒：自己干多孤独啊，为什么不找个人一起呢？

我这里有资源，咱们一起吧！

我这里有想法，咱们一起吧！

我这里有力气，咱们一起吧！

到底该不该一起呢？

关于这个问题，我的看法是，能够合伙的人要满足一个极高的标准：

**黄金标准**

能力互补 + 无条件爱彼此

## 能量契合，才能赚到钱

什么叫能力互补？

在科技领域的能力互补形式，常体现在非技术创始人找一个技术合伙人上，因为仅仅雇用一些人来实现你的想法是不够的，需要非常具体地进行开发。如果你在创建技术产品时没有一个好的技术合伙人，对你而言这是个问题。反过来也一样，技术创始人也需要找一个熟悉相关市场的人。比如贝宝的创始人之一、程序员麦克斯·拉夫琴（Max Levchin）就与衍生品交易员彼得·蒂尔合作，利用各自在技术和金融领域的背景（这两份互补的资源赋予了他们作为创始人的竞争优势），进行了对加密支付平台的早期尝试。

比能力互补更重要也更难做到的一点是，如果你找到一个人去合伙做共同决策者，几乎就是做好了"他怎样我都支持他""他犯的错我都可以接受"的准备。没有这种精神，最好不要开始。

这是我直到最近才悟出的真谛。性格、做事风格都不是找另一个合伙人的要义。真正的要义是你们的能量契合，你和他在一起的时候，你想要"一致"，而不是总出现"不同意""有分歧""不可以"。

我重复一下我的观点，你没有看错——不是你们相互需要，才会能量契合，才能赚到钱；而是你们能量契合，就能赚到钱。相互需要的感受只是一个"介绍人"，介绍你们认识而已。

人在前，事情永远在这个人的后面。事情没有人重要。

这是和雇佣最大的不同。合伙关系要有无条件的爱，而雇佣关系不需要。

合伙没有"对事不对人"这回事。大家都是先看到人，才看到事的。找到对的人，你就倾向于认同、支持对方。这里的认同是一种不由自主的趋势。你需要找一个人，一个你看到就想点头的人。

其实就是"合伙人脑"，类似"恋爱脑"的一种神经质状态。

虽然这听起来有些荒谬，但神经科学的发现也证实了这一点的重要性。

在 2020 年一项发表在《自然·神经科学》上的研究[1]中，研究者设计了一个实验来探究人们如何处理与自己不一致的意见。

实验分为两个阶段。在第一个阶段，参与者在小隔间里对房产价格做出判断并下注。在第二个阶段，参与者被指引进入功能性磁共振成像（fMRI）扫描仪。机器里的任务栏会再次显示房产信息，并告知他们伙伴的判断和下注情况。在这个过程中，参与者有机会根据伙伴的意见调整自己的下注。

过程中，研究者特别关注了参与者大脑中的后内侧前额叶皮层的活动，这个区域与我们处理信息和做出决策有关。通过分析参与者的下注变化和大脑活动，研究者发现，当二人对估价达成一致

---

[1] Andreas Kappes, Ann H. Harvey, Terry Lohrenz et al, "Confirmation bias in the utilization of others' opinion strength," *Nat Neurosci* 23(2020): 130–137. https://doi.org/10.1038/s41593-019-0549-2.

时，他们的大脑更具有认知开放性。然而，如果二人意见不一致，他们的大脑似乎会冻结并关闭。

这项研究表明，如果想增加达成一致的可能性或意见被听到的机会，就不要以"我不同意"或"你错了"开头，而应先看到双方的共同点、一致认同的部分以及可以理解的论点。

看完这项研究，你可能会说，可我就是忍不住。没错，这里的忍不住看似不自觉，其实透露了很多信息。对于对的那个合伙人，我们是不需要忍的，我们自然而然就会以同意的态度开头，因为我们自己知道，对方也知道，这种支持是发自心底的。

"高山流水"是一个源自中国古代的成语，用来形容音乐的美妙和知音难觅的意境。这个成语最早见于《列子·汤问》，讲述了古代音乐家俞伯牙和樵夫钟子期二人一见如故的故事。俞伯牙弹奏古琴时，钟子期能够感受到音乐背后的情感和意境。谈山言山，提水论水，伯牙弹奏什么意境，子期马上就能心领神会。这种"知音"的支持和鼓励就是一种能量的匹配和底层的契合。

寻找那个能与你能量匹配的伙伴，就是寻找那个能让你的世界更加宽广、心灵更加充实的人。

能量相投还会带来一份礼物——双方都愿意随着对方去变化，愿意去同意，心理的弹性也会变大。

投资圈有一对非常知名的长期合作伙伴：沃伦·巴菲特和查理·芒格。两个人相差 6 岁，相识的时候都很年轻，当时巴菲特 29 岁，芒格 35 岁。

被我们熟知的时候，巴菲特是伯克希尔·哈撒韦公司的董事会主席兼首席执行官，查理·芒格是副主席。巴菲特每年都会在公司的年度股东大会上发表一次长长的演讲。在写这本书的时候，我去翻了一下影像资料，想看看巴菲特说话的时候芒格在干什么。

你猜他在干什么？他在坐着，严肃又乖巧地坐着。他也很少说话。这么多年来，在巴菲特的场子上，芒格说得最多的就是那句"我没有什么要补充的"（I have nothing to add）。

你可能会说，对嘛，有的人就是不喜欢说话，性格就那样。但事实上，芒格很爱说话，在他担任董事长的另外两家公司——西科金融（Wesco Financial）和每日期刊（Daily Journal）的股东大会上，芒格说的可一点儿不比巴菲特少，多到芒格学院还把这些资料整理为《芒格之道》（*Mungerism*），中文版出版于2023年。

你可能会说，对啊，他是副手的时候说的少，当正职领导的时候说的自然就多了。

我们来冷静地想一下，回忆一下自己在生活中见过的有极强能力的人，有几个可以在做副手的时候压制本性，把嘴闭上，并把焦点让给别人。

更何况，芒格是个律师。

弹性是双向的。

在巴菲特的妻子苏珊·巴菲特看来，芒格和巴菲特一样，都是很自负的人。回忆起两人第一次见面的场景，苏珊说："这是两个强势、爱说话、极其聪明的家伙。让我吃惊的是，沃伦居然肯安静下来,让查理掌握话语权。我还从来没有见过那样的情况。沃伦总是掌控对话的一方,我从来没见过有谁能把这个角色抢走,但那天晚上他把它让给了查理。这太少见了,我永远不会忘记那个晚上。"

芒格带给巴菲特的不仅有事业上的辅助,更有思想和格局上的变革。而恰巧,巴菲特本身就是一个理智、充满价值感,同时乐于拥抱变革的人。他最敬重的父亲霍华德·巴菲特是一名坚定的保守派共和党人,在20世纪40年代和50年代曾四次当选美国国会议员。霍华德支持小政府、低税收和个人自由,反对过多的干预和监管。而沃伦·巴菲特的政治立场与他父亲的不同。他受到妻子苏珊的影响,逐渐形成了自己独立的政治观点。他是坚定的民主党人,公开支持征收更高的富人税、加强社会福利和医疗保障、增加教育投资等政策。

芒格在加入伯克希尔·哈撒韦之初给巴菲特带来的第一个思想变革就是对价值投资的重新定义。巴菲特早期的价值投资方式是找有价值且被低估的公司买入。只要买入价足够低,公司烂不烂、管理层是否拉胯,都不在他考虑之内。

但芒格觉得,与其用低价买还可以的公司,不如花还可以的价钱买好公司。也正是因为这点,伯克希尔·哈撒韦的投资组合迈向了新的时代。

在2005年接受《基普林格个人理财》(*Kiplinger's Personal Finance*)杂志的访谈时,芒格被问了一个问题:"沃伦·巴菲特和你在投资和决策方面的分歧多吗?"

芒格坦言:"不多。这就是问题所在:如果我们之中有一个人看好某件事情,这往往意味着两个人都会看好它。"

而苛刻的巴菲特在给芒格的《穷查理宝典》(Poor Charlie's Almanack)写推荐序的时候回赠了芒格一份礼物:"全部符合我这些特殊要求的(合伙)人只有一个,他就是查理。"关于为什么这么说,巴菲特也给出了自己的解释:"要找比你更聪明、更有智慧的人。找到他之后,请他别炫耀他比你高明,这样你就能因为许多源自他的想法和建议的成就而得到赞扬。你要找这样的合伙人:在你犯下损失惨重的错误时,他既不会事后诸葛亮,也不会生你的气。他还应该是个慷慨大方的人,会投入自己的钱,努力为你工作而不计报酬。最后,这位伙伴还会在漫漫长路上结伴同游时不断给你带来快乐。"

这种弹性的快乐舒适还体现在对意见分歧的处理上。

巴菲特在一次访谈中这样评价芒格:"我们合伙了40年,他从来不对我做的事情放马后炮。我们从来没有发生过一次争执。我们对许多事物的看法有时会有分歧,但他是个完美的合伙人。"

如果你还不能判断,就交给直觉。你必须确保你真正喜欢这个人。你不会觉得接电话、开会或见对方一面是一件让你难受的事。如果你只是和对方在一起就感到疲惫、沮丧、消极,那么再多的能力互补、金钱和利益也不值得。我的生活经历告诉我,两个人不合的话,你们是不可能赚到钱的。

# 第 11 章
## 如何做副业:"不疯魔不成活"

小Q今年35岁,是一家中型企业的普通职员,工作稳定,但薪资不算高。他对自己的描述是:在单位奋斗过了,这辈子在职场上也就这样了,现在有自己的小家,有孩子,挺幸福的。美中不足就是手头的钱不够宽裕。

最近,小Q萌生了一个想法,想周六日做点儿副业,赚点儿小钱。他有个小愿望,希望每年能带着老婆、孩子和两家老人出国旅游一趟,看看外面的世界。可是做点儿什么好呢?小Q每提出一个想法,家人和朋友中就有人出来给他泼凉水。摆个小摊做点儿小生意?老婆说,现在实体经济不好做吧,而且多丢人,让人家看见了像什么样子,孩子同学不得笑话他啊?做做自媒体?朋友说,风口期早就过去了吧。送外卖或者是跑网约车?父母说,你也不是二十多岁的年轻人了,别太辛苦了。这些劝退的建议让小Q心里打鼓,"搞钱"的想法也就一直没有付诸行动。

有一次,小Q在同学聚会上碰到了他的大学同学小影。小影原来是一家大企业的普通文员，两年前辞职，现在在市中心经营一家生意不错的蛋糕店。谈起创业的经历，小影说，开始她也是觉得工作收入低，想做点儿副业，加上平时就喜欢烘焙，就决定自己烤制蛋糕和面包售卖。她先是在朋友圈和附近社区的业主群里销售，很快，因为她做的蛋糕用料足、价格实惠、健康又美味，来找她买蛋糕的人越来越多。她权衡了一下，索性辞职在家附近开了个小店。随着生意越来越好，她又把店搬到了市中心。

现在，小影的年收入比原来翻了好几倍。小影说："开始老公也不信我能行，说我就是瞎折腾。父母也说，女孩子本本分分上班就好。我偏要干，也不用他们帮手。现在他们看我生意做起来了，整天在外人面前夸我能干呢。"

在这次聚会后，小Q开始反思：自己每次在想要开始折腾点儿副业的时候，总是过于在意身边人的评价。他希望身边的朋友、家人都能对他选择的副业项目表示赞同，甚至期待他们由衷地认可他做出的努力。只要没有得到预期的肯定，小Q就会感到内心拧巴，怀疑自己的选择是否正确，进而失去坚持下去的动力。如果有小影的行动力，他说不定也早就搞到钱了呢。

要记住，你不是去找绝对正确的，你是去创造新收入的。大家之所以想做又不去做，或者刚开始就迫不及待想要结束，陷入内耗、心态拧巴，是因为在做事的时候想求得绝对的认可，希望大家给一个肯定，希望所有你认为重要的人告诉你：你做得真棒！你的决定是对的！但事实上，这种期待往往是徒劳的。

**想要创造新收入，就要合理"发疯"，要在框架外学习，或者学习站在框架外。**

副业这个方向尤其如此。

但在现实生活中，大部分人朋友对副业和主业的诉求是一样的，甚至对副业的诉求更高。我观察发现，不少知识型工作者的副业选择里有一条没有明说的潜规则——体面，甚至要比主业还体面。更有甚者，有人认为做副业就是为了把主业没有争来的面子和气都争过来。

画地为牢啊，朋友们。

我想说服大家去学习一些过去看不懂甚至瞧不起的东西，学习从前的自己无法接受和认同的东西。

打下这些字的时候，我意识到这很有难度。但我认为这是我们扭转内在状态、各种偏见和条件反射的重要方法。

认知失调（cognitive dissonance）是一个心理学概念，最早由美国心理学家利昂·费斯廷格于 1957 年提出。[1] 费斯廷格指出，个体在面对与自己既有认知相矛盾的信息时，会产生一种心理上的不适或紧张感。为了缓解这种不适，个体可能采取以下几种应对策略。

---

1 Leon Festinger, *A Theory of Cognitive Dissonance*. Stanford, CA: Stanford University Press, 1957.

① 否定新介入的框架外信息
② 降低新介入的框架外信息的权重
③ 避免接触框架外信息
④ 改变现有的认知

在这几种策略中,费斯廷格发现最后一种"改变现有的认知"是最难的,因为我们对自己掌控事物的信念通常根深蒂固,需要时间和努力来改变。此外,人的认知是有体系的,改变了A,可能还需要改变B、C、D,不然就会出现其他压力源。最后,人类没有那么理智,我们的认知也是自我的一部分,否定认知相当于攻击自我的一部分,会导致心理上的不稳定和不舒适。因此,改变一些既定的认知和信念很难。

我看过一篇关于副业的公众号文章,10万+的阅读量,点进去是几种关于普通人副业选择的建议。这篇文章的评论区非常热闹,大家的留言正好印证了认知失调理论。

第一类留言否定了新介入的框架外信息。

看君一席话,浪费5分钟。
就算是死磕,这几种也很难赚到什么大钱。
副业?干完脸都没了。

第二类留言在降低新介入的框架外信息的权重。

说的都是正确的废话，看似美好的事情，做起来难度不低。

普通人，你都说了是普通人，这都是需要极大的悟性和心眼子的。你这是给普通人看的吗？哈哈哈哈。

这些你干不了的。没啥大回报，想为爱发电吗？

第三类体现了避免接触框架外信息。

被标题骗进来了，还"普通人副业"，无非就是让牛马延长工时，承担风险，为社会做贡献，获得一点点钱，再点开我就是……

你能想到的别人也能想到，哪儿有什么好赚钱的副业？

没资源？普通人？都是扯。

老老实实上班吧，没人带不会赚到钱的。

至于第四类改变认知——

一个都没有。看完这些评论还能说出"我想试试"的，都去试试了，可能没空发言。

关于副业的理论和实践心法不算什么新鲜的讨论，但其中有一点可以穿越周期：<u>人得改变认知，认可赚钱的可能性并付出行动，还要不嫌弃小钱，持续努力，钱才会来。</u>

如果你觉得做副业就是选择一个别人不知道而只有你知道的神奇的项目，不用动一点心眼子，不用受累，不用承担做不成的风险，不用反复去尝试，不用影响休闲时间，不用把一个普通人逼成一个浑身散发着"我想赢，我要做，我能行"的"疯子"，那么这个话题就是伪命题。

2016年，有人觉得短视频是"群魔乱舞"，只是下沉市场的肤浅娱乐。但也有人打开手机，"不要面子"地分享自己的生活，尝试找货、带货。

2020年开始那几年，你在做什么？大家坐在家里，我也是。我刷着直播，买着食物和日用品，看着别人赚得盆满钵满。那时候属于普通人的直播流量和今天的不是一个量级。当时的我，即使习惯了上网课，甚至用抖音平台讲过自己学校的课，也没有像今天一样定期打开手机，给大家直播一把。这是我回顾过去时感到特别后悔的一件事。但在当时，我觉得自己是对的，一点儿错都没有，什么都没有错过。

自以为是地认为自己是对的，拒绝关注任何框架外的信息，也没有采取任何行动，这是认知失调给人类发展新收入带来的掣肘。

来，我们大声读一遍吧。

- 副业可以赚到钱
- 副业赚到的钱有小有大
- 副业赚钱也辛苦
- 副业赚钱需要动脑子
- 副业赚钱需要动用心眼子
- 副业赚钱需要持续努力

## 你为什么做不好副业

北京的程序员小 A 在 12 点提交了最后一个外包项目，身处广州的行政打工人小 B 刚刚剪辑好第二天要上传的短视频，重庆的宝妈小 C 则在为第二天出单的甜品备料……副业这个曾经为很多人锦上添花的点缀，现下逐渐成为雪中送炭的生存刚需，成为现代职场人为自己搭建的"职业救生气垫"。

副业动机的内核其实还是我们在第一部分讲过的<u>回避型驱动力</u>和<u>接近型驱动力</u>。本杰明·吉拉德和菲利普·列文提出了创业动机的"推动理论"（push theory）和"拉动理论"（pull theory）。[1] 推动理论指出个体是被外在消极因素"推着"去创业的，例如当前工作令人不满意、工资低、非弹性工作制、工作安全感低、面临裁员风险、找工作换工作困难、养家压力大等。这些消极因素激活了潜在创业者的才能。

拉动理论则认为个体在创业活动中被寻求独立、自我实现、财富及其他合理的结果所吸引。很多时候，现代人发展副业不仅是现实压力推动下的被动选择，更是能力和资源资本驱动的主动突围。

从回避型驱动力角度看，职场的稳定性正以肉眼可见的速度消解。当职业安全感不再来自某一个组织的庇护，而是聚焦个体抗风险能力，为了摆脱依靠唯一一份主业收入来源导致的焦虑感，分散

---

1 Benjamin Gilad & Philip Levine, "A Behavioral Model of Entrepreneurial Supply," *Journal of Small Business Management* 24 (1986): 45−53.

裁员等职业不稳定性带来的风险，人们需要重构职业发展逻辑。美国风险管理理论学者纳西姆·尼古拉斯·塔勒布（Nassim Nicholas Taleb）在《反脆弱：从不确定性中获益》（*Antifragile:Things That Gain from Disorder*）中提到，我们生活的世界是充满不确定性的，这是客观存在的事实。"反脆弱性"则是那些不仅能从混乱和波动中受益，而且需要这种混乱和波动才能维持生存和实现繁荣的事物的特性。通过副业建立起多元化收入结构，实际上是在不确定的经济环境中为自己创造了更多的机会和更大的空间。当职场身份认同遭遇年龄、性别、婚育危机的时候，副业创造的"第二重身份"不仅能带来经济上补偿，更能维持个体的价值坐标系，成为"存在的救赎"——多重社会角色会成为应对存在焦虑的良药。

从接近型驱动力角度看，副业既是将自己的技能或兴趣变现的途径，很多时候也是对能力的延伸。这种能力上的"进化"往往伴随着认知层次的跃迁，形成一种"以输出倒逼输入"的模式。比如，心理咨询师在开设情感专栏进行分享时，需要将真实个案的解决方案升级成为一种具有普适性的方法，并用大众可以接受的语言呈现出来，这时情感专栏的副业就成了能力的一种"训练场"。如此积累和实践后，副业甚至有助于突破主业职业倦怠期的能力天花板。

开始不易，持续做下去更难。信心满满地开始、草草地收场成为很多副业的最终结果。"尝试过各种各样的方式，但都以失败告终""看着别人起号手到擒来，但为什么我的副业都是无疾而终""怎么我就不能靠副业赚到钱"……这样的困惑像一团驱不散的迷雾，笼罩在很多人的心头。

在这个令人沮丧的事实背后，藏着一个被忽略的真相：多数人的副业困局，早在起心动念时就已埋下隐患。

许多人的副业选择往往带有强烈的"急功近利滤镜"：短视频里月入十万的"00后"、靠直播带货暴富的宝妈、通过知识变现实现阶层跨越的职场"牛马"……这些被算法推送到眼前的"幸存者"很容易引渴望入局的人们跟风。

摆摊、拍视频、微商推广……什么赚钱做什么，丝毫没有正确认识和评价自己的现有能力、资源及其提升的速度。这种"用别人的尺子丈量自己人生"的方式带来的结果就是，从事副业的热情与自己的实际情况不匹配，自己也没有意愿和方法去琢磨如何匹配，挫败感自然如影随形。

很多人在看到自己文章的订阅量、后台的访问数、收到的订单量在努力了几周甚至只是几天之后毫无起色，就会直接给本次副业"判死刑"：我不适合这个。

那么你适合什么？

适合继承一项已经发展得很好的事业？那不是副业，而是家业。

绝大多数副业的成长和推进都遵循着"竹子定律"：前4年仅长3厘米，第5年却会以每天30厘米的速度疯长。"坚持日更400天收获10万+粉丝"，这样的标题远没有"3天涨粉10万"更有冲击力；在朋友圈里晒下班后摆摊收入截图的人也不会说自己是如何靠 24 小时在线、深夜回消息维系客源的……我们永远只会看见竹子破土后的野蛮生长，却会选择性地忽略它在地下蛰伏的岁月。互联网已经将 4 年的积累期大大缩短，但大家依然觉得太慢，只想拥有一片破土后的竹林。

## 副业该做什么

每当说到"副业"，这样的声音总是最大的："该做什么？""××好不好做？"

这种问题是我最不喜欢的一类问题，因为没办法回答。你是谁？你会什么？你有什么？你在什么方面可以吃苦？在什么方面吃不了苦？你能坚持多久？你愿意投入多少？

下面我从务实的角度，和大家聊一些思路。

**1. 与主业相关：发挥现有优势，利用现有的资源和技能**

在职业发展的过程中，主业积淀的专业技能与资源优势往往会为开拓副业提供天然跳板。很多人在开展副业时会忽视自己的主业工作，觉得副业与主业相比就应该有很大跨度，但我们在主业中培养出的能力和直觉，往往是最有价值的。

想要在主业方向上拓展副业，首先可以对自己的工作进行拆解，归纳出其中的哪些核心技能是独特并能被直接复制和利用的，例如设计师的绘图技能、程序员的代码能力、医生的医学专业技能、大学教师的科研技能和自己学科的专属技能，这些可以照搬照用且有一定门槛的技能，就可以成为副业开始的切入点。

如果工作中没有非常突出的硬技能，可以对自己的主业进行流程模块化的拆分，列出日常核心任务，比如广告文案策划师的工作包括理解客户需求、深入市场调研、进行创意构思、撰写广告文案等环节，培养了持续输出的经验和能力，那么就可以选择做内容输出或者咨询，将工作中一个环节变成副业的起点。

再说说行业资源这件事。上下游的人脉、渠道、信息都是容易忽略的资源。上班攒下的客户群，那不就是现成的第一批粉丝吗？以前合作过的供应商，在你为副业进货时可能给你友情价，更别说那些行业内部才掌握的门道了。这些信息差就是天然的优势。

特定行业的特定知识类目是有门槛的，从业资格带来的门槛也可以为副业提供方向。最典型的例子可以看律师行业，从业者可以直播连线，提供咨询服务，一方面可以通过这种方式给自己的主业打响品牌，另一方面也在为大众普法；还有人力资源岗位，招聘者在看过几百上千份简历之后已经成为优秀简历鉴定师，完全可以在线提供简历完善、面试培训、职场发展等服务。

共情能力、语言能力、化解冲突的能力、识人能力、匹配能力……这些在主业中锻炼出的通用软技能往往得不到重视，很多人更难想到可以借此发展自己的副业。我认识的一位人力资源主管甚至凭借着自己的综合能力当起了红娘，把社群运营得不错，收入也日渐增长。关于如何利用职业技能拓展副业，你可以参考表1。

表 1　职业技能相关副业示例

| 副业类型 | 核心逻辑 | 技能/资源拆解 | 示例 |
| --- | --- | --- | --- |
| 垂直技能 | 直接迁移核心硬技能 | 家装设计师的能力 | 家装设计 |
| | | 程序员的能力 | 软件开发服务、界面控件和解决方案 |
| | | 会计的能力 | 代理记账、公司财务 |
| | | 律师的能力 | 在线法律服务和咨询 |
| | | 医生的能力 | 在线医疗服务和咨询 |
| | | 高校教师的能力 | 专业相关授课、企业咨询 |
| | | 播音员的能力 | 配音*、有声书录制 |
| | | 产品经理+程序员+市场销售的能力 | 开发小程序、售卖产品 |
| 流程模块 | 拆分主业流程，单点变现 | 广告人的写文案能力 | 电商平台商品文案撰写、品牌宣发、自媒体文案代写 |
| | | 行政文员的写作能力 | 公众号写作、网络文学创作 |
| | | 行政文员/设计师的PPT制作能力 | 商务/学术PPT定制 |
| | | 各类知识型工作者的英文能力 | 海外原创小说、出海电商客服 |
| | | 设计师、建筑师的绘图能力 | 线上平台接单私人定制、游戏概念场景设计 |
| 行业资源 | 利用上下游人脉、渠道、信息 | 销售积累的客户资源、采购掌握的供应链 | 代理关联产品、搭建或撮合平台 |
| 知识类目 | 对经验进行转化 | 人力资源部门的面试经验 | 简历完善、面试陪跑、职业发展咨询 |
| | | 某一项高含金量证书的考试经验 | 一对一陪跑、考试辅导、面试辅导、资料分享 |
| 软技能驱动 | 以通用软能力为核心变现 | 主持能力 | 婚礼、活动主持 |
| | | 冲突解决能力 | 离婚调解顾问 |
| | | 人际联结能力 | 线上/线下红娘、兼职猎头 |
| | | 耐心 | 陪诊、陪作业、跑腿办事、代排队代购 |

## 2. 与主业关系不大：发掘兴趣，找到 / 创造相关赛道

如果你认为现在的工作就是为了糊口，实在不想再发展与它有任何关系的副业了，在这种情况下，将兴趣爱好发展成小副业也不失为一种选择。

可以先对自己的兴趣进行筛选，列出几种自己擅长并愿意长期投入的兴趣，像化妆、摄影、读书、餐饮、酒、咖啡、茶、宠物等。这里的"兴趣"指的并不一定是掌握某一项技能，哪怕是喜欢周末和朋友出去吃吃喝喝都可能成为发展副业的基础。比如，喜欢做奶油胶手机壳，可以直播制作过程，使其充当解压ASMR[1]，利用情绪价值需求爆发点获得打赏，并在过程中形成自己的审美，以此获得定制客单；喜欢宠物又时间充裕的朋友，可以利用自己的时间优势，发展"遛狗师"副业，将小区社群转变为自己的目标客户群体，还可以接加班族、出差族宠物托管的需求等。关于如何利用兴趣拓展副业，你可以参考表2。

表2 兴趣相关副业示例

| 兴趣类型 | 赛道 | 示例 |
| --- | --- | --- |
| 手工类 | 解压经济、情绪疗愈 | 手工博主、定制手工制作 |
| 萌宠类 | 它经济 | 遛狗师、宠物摄影师、宠物博主 |

---

[1] "自发性知觉经络反应"（autonomous sensory meridian response）的缩写，指人体通过感官刺激在颅内、头皮、背部等身体部位产生的令人愉悦的感受。——编者注

表2　兴趣相关副业示例（续）

| 兴趣类型 | 赛道 | 示例 |
|---|---|---|
| 餐酒咖啡茶类 | 懒人经济、探店经济 | 家庭私厨、私房菜店主、美食博主 |
| 摄影类 | 摄影 | 商拍、活动摄影、婚礼摄影、景点摄影、摄影博主 |
| 化妆类 | 美经济 | 美妆博主、活动化妆、婚礼化妆 |
| 亚文化类 | 二次元、潮玩、谷子经济 | 娃衣定制、盲盒拆盒、盲盒代购、二手售卖 |
| 闲置循环类 | 可持续消费 | 中古玩具修复翻新、旧衣再造、二手售卖 |
| 阅读类 | 大众文化 | 读书博主、书展活动主持 |
| 体育类 | 体育经济 | 体育博主、少儿体育比赛解说员/主播、城市体育社团事务 |
| 书法、绘画类 | 美育经济 | 书法绘画博主、硬笔书法培训、绘画工作坊培训、艺术团建工作室培训 |

## 发展副业的抓手

在明确副业的方向后，大部分人会在起跑线前反复徘徊。迈出看似简单的第一步，实则是对心理能量与执行能力的双重考验。完美主义叠加拖延症会导致很多雄心勃勃的热情冲劲被耗尽。想做起来、发展下去，我们要找到一个抓手。下面的两个方法，大家可以试试看。

### 1. 模仿式学习法

这种方法的本质是通过拆解、复制和改进已被他人验证的路径来降低试错成本，快速实现从0到1的进步。不知道怎么做的时候，不妨先看看其他人的例子，用自己的内容学习成功者的风格。

比如，你对阅读很有兴趣，想做一个读书博主，那么你可以在社交平台上找到同类型下 1000 粉丝、10 万粉丝和 100 万粉丝的博主来对标。1000 粉丝左右的博主是生存期的对标，是跑在前几步的同伴，是一种心理支持。10 万粉丝的博主是发展期的参考，而 100 万粉丝的博主则是成熟的样本。

## 2. 创造第一个 MVP

我们曾在第 7 章讲过最小可行性产品——MVP 的概念。这个概念在副业的落地中同样适用。比起追求完美，追求完成更重要。

比如，你想把售卖自制手工蜡烛作为副业，那么 MVP 就可以是：在朋友圈、小红书等社交平台发布 2～3 款蜡烛样品图和功能介绍；以 39.9 元的价格完成 10 单试用秒杀；在两周后开启一次半小时的用后反馈访谈；结束访谈后，再将 39.9 元返还给种子消费者。

这样，你就能以一种低投入的方式，从产品制作、样品出图、广告文案、物流发货各环节入手，完成一次全流程的实践。

同时，你还可以在一些线下市集和别人平摊摊位费用，以较小成本寄卖几款自己打样出来的蜡烛，自己也守在摊位前近距离接触真实消费者，观察他们的视觉喜好，看哪款香味被拿起的次数多，计算兴趣/付费比，还可以口头介绍一下自己的产品。如果顾客友好、健谈的话，还可以问问对方的意见和建议。

通过线上和线下由 0 到 1 的体验，你可能会发现大家更关注蜡烛的功能性。打个比方，如果大家关注助眠、健康等功能，那么在下一次，你就可以对产品做些调整，增加诸如使用薰衣草精油、纯天然蜡基等买点，同步宣发的重点，宣传形式也可以从单一的图文拓展成视频，更好地营造助眠氛围感，同时避开平台文字方面对功能性宣传的限制。如此反复，一步一步对产品和售卖方式进行升级，逐渐拓宽平台，最后实现多平台的同步线上开售。至于线下，除了出单，还可以起到宣传推广引流的作用。

MVP 模式带来的螺旋式上升的过程，不仅能以最低的成本让你完成全流程的试跑，降低试错成本，还能让你构建出一个"从测试到反馈最后实现迭代"的成长模式，让你每一步的改进都能指向真实需求，走得更加踏实。

# 第 12 章
## 狮子、牛马和鸵鸟：如何有效努力

"最近怎么样？"

"挺忙的。"

"忙点儿好。"

我们经常听到这样的对话。

我成年以后一直在工作，甚至在 18 岁以前也会利用假期去给人辅导功课，在小区里摆摊兜售闲置的教材、教辅。这些经验让我产生了一个感悟：我们人其实很喜欢为了忙碌而忙碌。

我们就算觉得自己没有工作效率，就算明白自己做的可能是无用功，也很想坚持下去。我们不管干什么，都想让自己忙起来，不断扩大待办事项清单，不堪重负地去做一件又一件事情。

显得很忙似乎是一种展现成年人实力的军功章。

2024 年的夏天，学校放暑假的时候，我闭关写这本书和一篇论文。为了让自己放松一下，我每天中午一边做饭、吃饭，一边抽出一小时开一场问答闲聊式的知识直播。

刚开始以这种形式分享的时候，我被问到最多的问题就是："你怎么这么闲？大学老师不用上班吗？"甚至有人因为我在中午12点钟自己做了一顿午饭就质疑起我的社会身份："你是大学老师吗？不是山寨的吧？"大家在认知里似乎不能接受一个大学老师有这种"偷得浮生半日闲"的时光。

这让我想起电影《华尔街》(*Wall Street*)中贪得无厌的公司掠夺者和企业并购专家戈登·盖柯（Gordon Gekko）。他在股市和企业界掀起风暴，成为象征20世纪80年代极端资本主义和工作至上观念的代表性人物。他有一句著名的台词："午餐是给懦夫的。"在盖柯眼里，连停下来吃一顿饭都是一种软弱，仿佛只有无止境的忙碌与征服才是强者的表现。

2023年美国加州大学洛杉矶分校跨越多个国家和领域的8项研究表明，人们普遍认为付出努力是高尚的行为。即使努力没有产生任何价值，投入大量努力、无比忙碌的人"在道德上也值得钦佩"。[1]

忙碌的人通常会受到加倍的尊重或被赋予极高的社会地位。

你能看出其中的荒谬吗？

你能看出其中的讽刺性吗？

一个很残酷的事实是：在社会秩序中攀爬效率高、赚钱能力强

---

[1] Jared B. Celniker, Andrew Gregory, Hyunjin J. koo et al, "The Moralization of Effort," *Journal of Experimental Psychology: General* 152, no. 1(2023): 60–79. https://doi.org/10.1037/xge0001259.

的人，往往并没有你想象中那样忙得焦头烂额！更具讽刺性的是，现实中你越努力工作，赚得反而越少。努力工作不再是一种竞争优势，因为每个人都在努力工作。你因为这些显性的努力沾沾自喜，而别人，那些你看不懂、看不惯的人在扩展思维，与合适的人建立联系，在社会的其他层面充分探索并发现新的机会。

一味地推崇繁忙文化或者根据员工的忙碌程度来评估他们的表现，是一种糟糕的做法。一些公司试图奖励和提拔那些展示出"努力工作状态"的人。但这种做法只能鼓励人们表演努力，而不是有效地去努力。

地球上成功人士之间的区别不在于努力，而在于活力。我们的计划安排应该把我们推向活力更高的维度，而不是看起来更努力的维度。

活力才能带来财富，外显努力的用处很有限。

★ ★ ★

发展财富就意味着接受混沌，混沌就意味着各种事情迎面而来。这很正常，不要惊慌。

以一周为一个上班单位，在这周内的任何一天，我们需要做的是把待办事项放进三个篮子（见图3）。

① 狮子篮子：放今天必须办的重要和紧急任务
② 牛马篮子：放这周需要做的事务性任务
③ 鸵鸟篮子：放需要延迟处理的任务

图 3　三个篮子

## 狮子篮子：你每天的高光任务

最好一睡醒就开始处理这个篮子里的事。这个篮子只可以放一种事——重要任务。

重要任务分为重要又紧急的任务和重要但不紧急的任务。事实上，凭我的个人感觉，大部分重要的任务都不紧急，所以狮子篮子里的紧急任务占少数。如果紧急任务在你的狮子篮子里占多数的话，你可能需要重新审视自己的分类。

有一阵，我发现自己每天特别忙，但是获得感很低，突破性几乎为零，创意都被磨没了。仔细反思后我发现，我把大量时间花在即时信息要求我做的事情上了。<u>把即时信息当成重要任务，是关于任务分级的一个重大误解。其实一件现在收到的事情或任务，很可能对你的长期目标没多少价值</u>。

我来举个例子。

周一早晨，在 8 点到 10 点之间，我会收到大约 20 条紧急任务信息，一般在微信上，都显得很着急。

"老师，下下周青年节，我们 ×× 平台有一个主题活动，邀请您和 ×××× 几个网络大 V 一起直播，回答青年朋友们的问题。"

"老师，上周的播客大纲，和 × 总的对谈，我们这边对过了，大致没问题。有几个小地方还需要调整，您看一下。"

"老师，我们翻译的教科书，上次对过的稿子还有几个问题。您提出的我们记下来了，我们几个又补充了几个问题。合适的话，可以约一下会议。"

"老师，我们上期收的数据质量还不错，稍微跑了一下模型，挺有趣的，您看什么时间合适，咱们对一下模型。"

"老师，上次的数据我们需要给被试交付讲座，时间是 ××××，讲座前需要搞一下设备调试，您看什么时候有时间？"

…………

每一个都看似很着急，需要马上回复。如果是你，你会回吗？

换作在庸庸碌碌的那一段时间里，我肯定会回复。我会花一上午的时间把这些任务解决掉。

但在复盘之后，我发现这种做事方式是错的。这些任务根本不紧急，它们的截止时间都不在此刻——它们并不是现在提出就需要现在解决的。它们可能是牛马，可能是鸵鸟，反正不是狮子。

我的狮子任务是什么？

我会给自己规定好。比如，我这段时间的狮子任务是把这本书写完，并把某篇第三轮返修的大论文改完。仅此而已。那么这段时间的每一天，我的狮子任务都应该是这些，除非这天有排好的课这类必须今天完成的任务。其他都不算狮子任务。

其实细究起来，热衷于处理手头每一桩事务是一种个人的傲慢。你觉得自己很重要，很多事情缺你不可，你在充当救火员的角色。你关注闪烁的消息窗口、不停振动的手机，只要一件任务被发过来，你就容易在情绪上把持不住自己，觉得一定要赶紧做完它，不然心里就难受。

认识到这一点后，我在任务分级上做了重大调整。每天的狮子篮子只留给重要的事，如果不重要，那就放在后边排着吧。一天时间很长，用次精华时间应对不重要的事就好。

每天的狮子篮子里，我一般会放一个或者两个任务，不会放超过三个。

人很容易为了让自己忙起来而凭空制造大量工作。为了反抗这种人性，你需要根据自己的战略优先级找到真正重要的任务，让它们去占据你的心智和精力，防止因为无事可做把自己推向制造忙碌的困境中。

## 牛马篮子：你的事务性任务

沿用上面举的例子，我收到的那些找我处理事情的信息，还有一些我自己计划的事务性工作，大部分都属于牛马篮子。

这些任务不会给你的成长带来任何实质性的帮助，只是你维持当前状态需要做的。对于这部分任务，一方面不要在上面浪费精华时间，另一方面不要急躁，慢慢干。如果你发现自己太急太躁，那么这时你所谓的努力不过是用来自我感动的。

英国海军历史学家和作家 C. 诺斯古德·帕金森（C. Northcote Parkinson）曾在 1955 年提出一条著名理论——帕金森法则（Parkinson's Law）。这条法则指出："工作会自己膨胀到填满所有可用的时间。"

如果你为某项任务分配了大量充足的时间，那么这项任务一定会花掉全部时间。即使开始时实际需要的时间较短，任务也会随着计划时间的增加开始膨胀，直到填满整个时间段。

在做计划的时候，人们经常会给事务的完成留出一段充裕的时间，期待自己不光可以安安心心地把事情做完，还能余下一些时间来摸鱼或者休息。但事实上，这种情况很难发生。只要留的时间长，任务就会膨胀，时间就会被充满，人也会变得急躁。

例如，任务 1 和 2 本身分别需要 1 小时和 1.5 小时，要安排在下午做完，表3和表4体现了两种时间管理方案。

表3　方案A

| | 所需时间 | 时间段 |
|---|---|---|
| 任务1 | 2小时 | 1:30—3:30 |
| 任务2 | 2小时 | 3:30—5:30 |

表4　方案B

| | 所需时间 | 时间段 |
|---|---|---|
| 任务1 | 1小时 | 1:30—2:30 |
| 休息、社交 | 0.5小时 | 2:30—3:00 |
| 任务2 | 1.5小时 | 3:00—4:30 |
| 休息、社交 | 1小时 | 4:30—5:30 |

方案A看似很轻盈，在每个任务中都留了充足的时间，但大概率你会因为这种充裕而反复拖延、增加不必要的细节，最后把所有时间填满。

方案B张弛有度，人为设定了严格的完成期限，留出了大量的休息时间，让你可以去健步走、买杯咖啡或者在工位上放空。时间是可以被浪费的，玩乐或者无所事事都无伤大雅，我们没必要装作很努力。

美国哈佛商学院教授阿什莉·惠兰斯（Ashley Whillans）通过对盖洛普（Gallup）数据的分析发现，报告"从未有足够时间"的在职人口比例从2011年的70%上升到了2018年的80%。如果大家都在工作中运用方案 A，那么时间是永远不会够用的。

## 鸵鸟篮子：要像鸵鸟一样逃避的事务

这些事情不重要也不紧急，面对它们，你就是要躲起来。一味被动接受只能让无关紧要的事情越来越多，人越来越累，离目标越来越远。

如果一件事情可做可不做，那么能拖就拖。拖着拖着，事情就自动消失了。

秋天来了，树林里的树叶飘落。一天又一天过去，一层层的树叶覆盖在地面，形成厚厚的"叶被"。如果不去清理这些落叶，它们会一直堆积在那里，处理难度似乎会越来越大。

但实际上，自然界有一套处理机制，这些落叶不会永远停留在那里。叶被经历风吹日晒雨淋，逐渐瓦解破碎，其中的化学物质和养分会渗入土壤。温度和湿度的变化为细菌和真菌的分解活动提供了条件，它们会迅速在落叶上繁殖，分解其中的有机物质、纤维素和木质素。与此同时，土壤中的无脊椎动物如蚯蚓、蜗牛和昆虫幼虫也会参与处理过程。蚯蚓食用落叶，并将其转化为有机物质，增加土壤肥力。蜗牛和昆虫幼虫则会咀嚼树叶，促进叶片破碎和分解。

经过一个冬天的时间，那些曾经厚厚堆积的落叶已经变得不再那么显眼。它们在微生物和各种动物的共同努力下被逐渐瓦解成更简单的有机物质，如氨基酸、糖类和脂肪酸。这些物质在微生物的代谢过程中被进一步转化，最终形成腐殖质，具有很强的保水和保肥能力，是土壤肥力的重要来源。

次年春天，当你再次踏上这片土地时，你会发现那些落叶已经不复存在，取而代之的是松软、肥沃的土壤。这些土壤为新一轮植物的生长提供了养分和环境。

堆积的落叶就像生活中的鸵鸟任务。你把这些任务放着不做，时间和自然的神奇力量就会在不知不觉中解决它们。你只需等待和观察，让任务按照自己的节奏去发展，最终它们会自然消失或被解决。

这些嗷嗷待哺的任务有时候就像想吃糖而大哭大闹的孩子。把糖果给他们可以让他们停止哭闹、立刻快乐起来，但这不代表你应该给他们吃糖。如果可吃可不吃，那就晚点儿再吃。注意力一转移，他们可能就把吃糖这件事忘了。

不要为了让别人"快乐"和"不哭闹"而做一些不必要的事情。

**本章参考文献：**

Adam Waytz, "Beware a culture of busyness: Organizations must stop conflating activity with achievement," *Harvard Business Review*, March-April, 2023. https://hbr.org/2023/03/beware-a-culture-of-busyness.

Benjamin Laker et al, "Dear Manager, You're Holding Too Many Meetings," *Harvard Business Review*, March 10, 2022. https://hbr.org/2022/03/dear-manager-youre-holding-too-many-meetings.

卡尔·纽波特：《深度工作：如何有效使用每一点脑力》，宋伟译，江西人民出版社，2017。

# 第 13 章
# 压力管理：压力与健康的关系

在英国广播公司（BBC）的纪录片《绿色星球》(*The Green Planet*)中，主持人大卫·爱登堡（David Attenborough）站在哥斯达黎加热带雨林的深处，镜头俯拍过一棵棵参天大树耸立如云，周围鸟叫蝉鸣此起彼伏。每一棵树都神秘而潮湿，每一片林冠都充满生机，里面好像藏着一个个"天国"，各种物种栖息其中，演化出多样的生存策略。

一棵百年大树的死亡倒地，是新一波幼苗千载难逢的机遇。它们彼此竞争，为了生存各显神通。我们看到一株龟背竹将自己的叶片伸展到极致，想要获得更多阳光的照射。另一株轻木也不甘示弱，将叶片膨胀到硕大无朋，霸道地遮住了龟背竹的一部分"领空"。此时，藤蔓则在展现自己"搭便车"的功力，用倒钩卷须抓住轻木的叶片，肆意攀爬。轻木显然并不接受这种攀缘。它的叶片上长出一些绒毛，让藤蔓的倒钩失去作用，一挂上去就会滑下来。

摆脱了束缚的轻木叶片继续昂扬地向阳生长，同时也在准备迎接新一轮的危机。

我们人类的境遇不也像热带雨林中争夺阳光的植物一样吗？古往今来，我们一直在为有限的社会资源和位置相斫相杀，为生活疲于奔命，没有哪个个体可以完全摆脱生存的压力。创造新收入的过程，更与压力息息相关。

但今天，我要做的并不是跟大家抱头痛哭，感叹我们的生活真是太难了。在这里，我想给你提供另一个看待压力的角度：压力本身并不意味着坏事。压力的危害性，很大程度上取决于我们对压力的认知和态度。

**<u>美国威斯康星大学的一项研究发现，那些认为压力有害健康的人更容易患病和早逝，但体验了大量压力却不认为其有害的人的健康风险最低</u>**。研究人员对近3万名美国成年人进行了调查，询问他们"去年你感受到了多少压力"以及"你认为压力对你的健康有害吗"。8年后，研究人员通过公共死亡记录核实了参与者的生存状况。

结果显示，在此期间体验过大量压力并认为压力有害健康的人的死亡风险增加了43%。但那些体验过大量压力却不认为其有害的人的死亡风险并未增加。

更令人惊讶的是，那些体验过大量压力但能积极应对并享受挑战的人的死亡风险是所有参与者中最低的，比那些报告体验了较少压力的人还要低得多。这是因为一些研究发现，将压力视为健康事件的人在感受到压力时心率虽然上升，但血管会保持放松和开放，这意味着他们的心血管反应很健康，甚至和一般人对喜悦和勇气相关事件的反应类似。

美国斯坦福大学的健康心理学家凯利·麦格尼格尔（Kelly McGonigal）在 Ted 演讲中的观点很深刻："认为压力有害"可能是第十五大死亡原因，甚至比皮肤癌、艾滋病和凶杀导致的死亡人数更多。

美国卡内基梅隆大学心理学系教授谢尔顿·科恩（Sheldon Cohen）则提出了一个有趣的看法：要认领自己的压力，享受压力的特权。

这些发现对我们的启发很明显。要爱上创造新收入，认领这种自主的生活方式，将在其中遇到的压力视为新鲜的挑战和一种属于积极向上人群的特权，不要有消灭压力的执念。对大部分普通人而言，要赚到钱，无论是靠主业还是副业，放弃对休闲的诉求似乎都是必选项。

我曾经偶然在某网络平台上看到一场直播，镜头里某平台的一名头部女装主播和她的丈夫正在和粉丝分享创业和发展财富的心得。他们讲到 20 年前在服装档口奋斗的日子，讲到清晨 4 点就要起床开工，讲到在漫天飘着羊毛纱线的环境里坐月子、带孩子等心酸过往。

直播间的评论区有人感慨说,真不容易,苦尽甘来了。

主播夫妇异口同声地表示了反对。丈夫说:"我不喜欢'苦尽甘来'这个词,我们现在还是在吃苦,苦和甜是相伴的。我俩从18岁开始在一起,到现在已经20年,一直在努力经营家庭和生意,从线下到线上,紧紧地跟着这个时代奔跑。甜是真甜,苦也是真苦,但我不怕苦。我们都是普通人家的孩子,能做到今天已经很幸运了。"

## 隐藏技能:睡眠的能力

我在学校给MBA学生授课时,会花很多时间讨论一个常被职场人士忽视的重要话题——睡眠和规律作息。因为我坚信,睡好觉、规律作息、建立有序的生物钟是追求任何发展的基础。同时,睡眠也是治疗焦虑、抑郁,调节消极情绪等心理问题时医生关注的重点。

美国银行家、金融家、摩根财团创始人之一J. P. 摩根的一位朋友为自己持有的股票忧心忡忡、夜不能寐。这位朋友问摩根:"我该怎么办?"摩根回答他说:"卖掉一些,直到你能入睡为止。"

伯顿·马尔基尔为我们拆解了压力下睡眠问题的本质:"每个投资者都必须在投资行为和自己吃得好、睡得香之间找到自己愿意接受的平衡点。如何确定这种平衡点,全由你自己掌握。想实现高投资回报，只能以承担高风险为代价。"

发展财富的本质就是面对高压力，因此睡眠的难题可以说是创造新收入者的宿命。抛开能力差异，谁能在这种宿命下守住睡眠这片领地，睡得着、生活有秩序，谁就撑得住、跑得赢。

睡眠时间不足和质量不好会引发不道德行为、偷懒、偏见、不满、缺勤以及领导力的下降。[1]睡眠会影响你的认知能力和对相关信息的关注和处理，优质的睡眠可以使创业者充满希望、保持乐观，帮助他们想出灵活和创新的好点子，同时可以提高其警觉性，以及推理、分析并解决问题、判断和社交等基础能力。这些也是成事的必备要素。

你需要牢记，睡眠不是道德问题，也不是健康问题，它是能力问题，和创造新收入的结果直接相关。能睡好觉的人创造新收入时会更有效能。

如何睡好觉呢？

这是一个宏大的命题，方法也有很多。我们作为人类个体，应该也各有各的入睡小妙招。最近十年在创造新收入领域的睡眠小妙招，最潮的应该是正念冥想训练了。

乔·卡巴金（Jon Kabat-Zinn）在1979年创立了"正念减压"

---

[1] Brian C. Gunia, "The Sleep Trap: Do Sleep Problems Prompt Entrepreneurial Motives But Undermine Entrepreneurial Means?" *Academy of Management Perspectives* 32, no.2(2018): 228–242, https://doi.org/10.5465/amp.2016.0159.

（Mindfulness-Based Stress Reduction, MBSR）课程，将正念冥想系统化地应用于缓解压力和睡眠等问题。正念冥想在硅谷的流行始于21世纪初期。当时，谷歌（Google）等大型科技公司开始关注员工的心理健康问题，推出了一系列正念冥想课程和项目，例如谷歌的"找到内在自我"（Search Inside Yourself）课程。如今，正念冥想已经成为硅谷科技公司企业文化的一部分。除了谷歌，苹果、脸谱网母公司 Meta 和 X 等公司也纷纷引入正念冥想项目，为员工提供定期的冥想课程、冥想空间和相关资源，更有很多小型初创公司和个人创业者积极参与。大家会利用午休时间进行冥想，或者在家中通过冥想应用程序练习。

正念冥想也是我的入睡小妙招。我怎么做呢？随便找个视频平台，搜索"冥想""睡前"这样的关键词，一般都会搜到几个带有此类引导语的视频。选一个自己喜欢的，把视频开到"听"的模式，比如用"听抖音"这个功能。白天中午可以因地制宜，在工位趴着戴耳机听，如果有条件就找个沙发躺一下。一般一个20分钟的视频，我听着听着就睡着了，睡醒后精神会很好。这样的休息超级有效率，比硬灌一杯美式要好很多。晚上也一样。在睡不着的时候，找个视频做一次睡前冥想，一般就能顺利入睡。至于手机，设置成自动关机即可。

我参加过科技界的一个活动，其中一个环节是去山里做冥想。因为有乔布斯等科技大佬的带动，科技界曾经很流行这种活动。我参与的那次活动中的一个环节很有深意。组织者让各位科技创业者分享自己觉得怎样才能获得运气，大家上台，在3分钟内表述出自己的想法，之后票选出心目中最认同的一个答案。

当天得票最高的答案是：当你头脑清醒的时候，你就会幸运。

我还想给这个答案加个前缀，"睡好觉"。睡好觉，头脑就清醒；头脑清醒的时候，你就会幸运。

PART 3

# 认知
**洞察价值真相的商业思维**

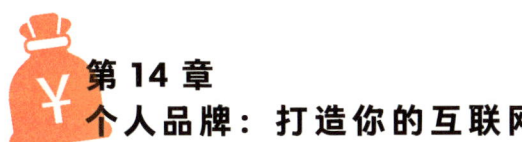

# 第 14 章
## 个人品牌：打造你的互联网熟人社会

当今时代的生意离不开个人品牌，或者说个人 IP 的建设。从比尔·盖茨、杰夫·贝索斯到埃隆·马斯克，放眼海内外，越来越多的企业创始人开始经营自己的个人 IP，踏上了自媒体的赛道。

而随着个人媒体的发展和普及，品牌建设早已不再是这些大人物的专属。现在，每一个有面孔、有名字、有一份事业的普通人，都能够灵活利用各种平台发展自己的个人 IP。在如今的世界，品牌不再是商学院课程中由标识（logo）和品牌名构成的抽象名词，而是变成了人们对你的真实印象和感受的集合。

这种集合，就是人与人的情感联结，形成了一种 AI 时代的新型"熟人社会"。过去我们办事、买东西、做生意时，都会想到要照顾一下自己的熟人。这会带来一种信任感，也能产生情感上的回报和抚慰。而如今，线上的熟人社会更为普遍。想做业务、买东西、学习、掏钱消费的时候，我们选的也是熟人，只不过现在的熟人是网上的熟人，是那个从未谋面也不会相见的互联网 IP。

2019年，美国康奈尔大学和穆伦堡学院的布鲁克·艾琳·达菲（Brooke Erin Duffy）和杰弗森·普利（Jefferson Pooley）在《传播学刊》（Journal of Communication）上发表了题为《推广的偶像：动荡时代自我品牌的胜利》（Idols of Promotion: The Triumph of Self-Branding in an Age of Precarity）的研究。这项研究采用了混合的研究方法设计，探索了当代名人如何在不稳定的职业环境中通过"自我品牌化"取得成功。研究者通过定性内容分析技术发现，名人通过持续输出个人作品、发布自己做作品过程中的各种动态信息，强化了自己对公众的存在感，并展现了专业素养，构建起可识别的个人符号体系。这种做法既让他们的知名度得到提升，又通过价值沉淀巩固了他们的职业竞争力。

早在2007年，硅谷投资大神纳瓦尔就开始了IP构建之旅。2000年，他和其他四个合伙人运营的消费者产品评论网站Epinions被Shopping.com收购，并于2004年公开上市。2000—2007年之间，纳瓦尔涉足了多个项目，利用他的技术和商业能力建立起了一个风险投资网络，作为天使投资人参与了一些初创公司的早期融资，包括当时的推特网和优步等。

你可能觉得这已经很成功了。1974年出生的纳瓦尔在2000年仅有26岁，妥妥的人生赢家。他到2007年时做出这些成绩，按照我们现在的说法，已经完全可以"躺平"享受成功的果实了。

2007年，33岁的纳瓦尔与巴巴克·尼韦（Babak Nivi）共同创立了博客平台 Venture Hacks，致力于进行风险投资相关的科普。早期，Venture Hacks 上只有一些文字和图片，之后又衍生出声音、视频以及直播的形式。关于为什么在这一年做出这样一个决定，纳瓦尔在多个场合讲过，其中最重要的一个因素是独一性。作为一个成功的投资人，他需要被人知道、被人信任，这对拿到好项目早期的投资机会至关重要。

2007 年最流行的自媒体介质就是博客，这个选择无疑是明智的。之后的故事我们都很熟悉。2018 年，纳瓦尔通过推特发布了 38 条围绕着"如何不靠运气致富"的系列推文，引发全球热议。这些内容被翻译为多国语言，形成了现象级传播。2020 年，他在自媒体上发表的内容被整理成《纳瓦尔宝典》（*The Almanack of Naval Ravikant*）一书，出版后登上亚马逊畅销榜首，热销全球。事实上，我们对他的认知本身，就是他这份努力的结果。

成功的投资者千千万，但在聚焦公众认知这个层面，纳瓦尔无疑是最成功的。有一天，我和朋友聊起了纳瓦尔。他以为纳瓦尔是和沃伦·巴菲特地位差不多的投资之神。实际上呢？他们根本不在一个财富量级，两人的财富大概差 1000 多倍，但纳瓦尔用自媒体重构了人们对他本人的认知。

讲到这里，不知你是否发现，所有人都是创作者，所有人都需要创建 IP。我们如今只要做事情，就会想到做自媒体，做 IP，举起大喇叭。这种趋势其实一直都在，只是最近两年变成了一个必选项，而且落到了普通人身上。

《定位：争夺用户心智的战争》（*Positioning: The Battle for Your Mind*）是一本经典的营销学书籍。这本书诞生于 1981 年，比我年纪还大，至今依然畅销全球，被誉为"现代营销的圣经"。"定位"的概念，强调的是占领消费者心智，在其中占据独特且不可替代的位置。让消费者觉得你的产品或服务具有差异化，这是一种至高无上的价值。经典的例子包括七喜被定位为"非可乐"（The Uncola）饮品，泰诺被定位为不含阿司匹林的止痛药，宜家被定位为设计时尚且经济实惠的家居用品商店。

在定位理论诞生和发展的时期，自媒体还没有出现。延伸到如今，IP 的构建就是一种定位。

**通过做自媒体账号进行 IP 构建，是最经济实惠的定位策略，也是新收入创造者最应该采取的生活方式。**

找到时间和精力，把做 IP 这件事纳入你繁忙的时间表中。不管是通过周更、日更还是什么方式，都要让自己的自媒体保持规律、持续的更新。这个更新的过程也是学习的过程，你会遇到新的事情、新的人、新的感受以及新的内容。

个人 IP 就是一把锁，把你的生活、工作以及内容锁在一起。这是你一生的工作。在做 IP 的过程中，你难免会碰到这个平台过气、那个平台失去红利和光泽的问题，但内容创作这件事情是穿越周期的。比如近两年的播客热，据我观察，赶上这波热潮的主要有两类人：一类是这个小众赛道的"原住民"，另一类则是

"新移民"——来自其他内容赛道的成熟创作者。平台和媒介会更替,但内容本身具备穿透媒介、穿越周期的生命力。当新的媒介出现时,最先被接纳和邀请的,永远是在既有平台表现优异的创作者。

这是自媒体时代赋予我们的红利。我认为整个世界正在朝这个方向发展:每个人都有两条赛道,一条是"事情"本身,即你从事的专业、工作、事业或副业,另一条是"事情"的镜像,即你的自媒体矩阵。你在各个平台告诉全世界你在做什么,在提供什么,脑子里有什么,作为一个人类价值几何。你在管理在他人眼里的印象和认知。

## 自媒体时代的双轨赛道

那么,该怎么做呢?举个很贴近生活的例子。假如你在做一笔小生意,在北京CBD 40公里开外的昌平区租了一个3平方米的摊位售卖饭团。摊位的营业时间是从早晨5点半到9点半,月租金1500元(2024年6月的真实价格)。你该怎么把这个生意放在这两条赛道上发展呢?

### 赛道1:做饭团

这个赛道上你需要做的包括以下几个方面。

准备原材料:在抖音等平台拉出货盘选品,与沙拉酱、紫米、糯米、肉松、油条酥、萝卜干、海苔、饭团纸、里脊肉、咸鸭蛋、鸡排、烤肠等各种主要原材料的供货商对接并试品，找出合适且稳定的供货商，为直播时的同步带货做准备。

准备出摊：做制作饭团的前期工作，如蒸饭、炸鸡排、烤肠、煎蛋、做豆浆等。

出摊卖饭团：现场制作饭团，原味为基础口味，定为基础价格，再根据客户需要添加里脊肉、咸蛋黄、鸡排等。

这个赛道要求我们从产品的角度出发，关注原材料的准备、制作流程的优化以及顾客体验的提升。也就是说，重点在我们现在手头的活儿上。做出来的东西要卫生和好吃。

做好饭团后，接下来要做的就是把这门小生意放在网络上——放大、加倍。

## 赛道2：个人IP及衍生

比如你叫王二，你就可以给品牌起名叫"昌平王二饭团"。

这个赛道上你需要做的包括以下几个方面。

录视频素材：把出摊前制作饭团的准备工作、卖饭团的过程录制为视频素材。

制作视频：把以上一些视频配上文案、录音，发在各平台。

出摊直播同步：繁忙的时候直播制作，闲暇的时候可以在直播间陪伴聊天。

出摊材料挂车：同步售卖原材料等。

打开定位：可以把自己出摊的位置发出来，自营广告，线上引流,引导线下购买、外卖以及跑腿代买。

引导加群并做社群运营:可提供制作饭团的方法,例如制作商用和居家自制两个版本,二者都可以引导材料销售。

招收学员、承接线下教学。

细心的你可能发现了,在这两个赛道,饭团生意及其镜像都可以赚钱,也都代表着财富。赛道 1 属于可以带来稳定现金流的财富,而赛道 2 则充满了想象力,上限很高。赛道 1 给赛道 2 输送素材,赛道 2 给赛道 1 增加光环——饭团和"网红王二做的饭团",买起来感觉是不同的。

你可能会觉得,这样好麻烦啊。

但是记住,IP 之锁才是关键,要把一切在做的事情牢牢锁在 IP 构建这项工程中。这个透明化的"麻烦"本身,会充分地给你回报。

因为人类就是"透明化"的忠实粉丝。

1967 年,伦敦恩菲尔德的巴克莱银行安装了世界上第一台自动柜员机(ATM)。机器存取款的效率比人工高很多,且客户可以在任何时间使用 ATM。之后,ATM 业务迅速在全球普及,如今人们使用 ATM 取款的频率是利用人工取款频率的 3 倍。

然而,ATM 的成功故事中有一个缺陷。宾夕法尼亚大学沃顿商学院的研究发现,当客户更多地使用 ATM 时,他们对银行服务的满意度反而会下降。也就是说,当我们看不到服务的流程和细节的时候,我们就会觉得对方付出不多,对我们不太重视。

这显然不符合事实,因为 ATM 也在执行一项复杂工作,如图 4。

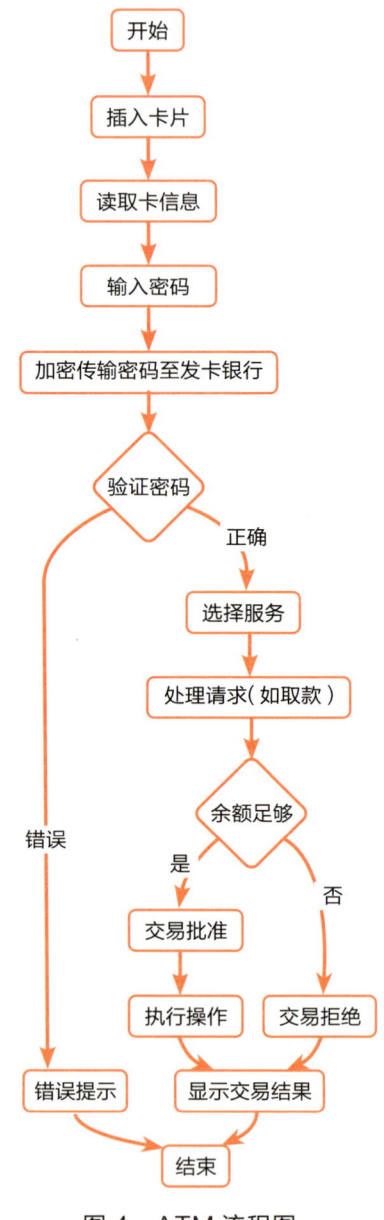

图 4 ATM 流程图

客户对这些"魔法"视而不见,因为这个过程是客户看不到的。

2008 年,哈佛商学院教授瑞安·布厄尔(Ryan Buell)与同事迈克尔·诺顿(Michael Norton)创建了一个模拟旅行网站 Travel Finder,研究人们对生意运营透明度的反应。部分参与者在网站上搜索从纽约到华盛顿的航班之后,可以看到网站正在进行的具体搜索工作,如"现在从美国航空获取结果……找到 333 个结果……"等文字提示。这些结果依次展现,就像有一个工作人员在一个一个地认真查询似的。另一部分参与者搜索的时候,页面上不显示后台的搜索过程。实验结果显示,无论等待时间长短,当网站展示模拟后台工作的细节时,人们会觉得服务更有价值、质量更高,也就愿意支付更多,更愿意再次使用。

IP 矩阵和直播就是为了揭秘工作中的细节,满足大家对"工作透明"的需求。当一个人做事的全过程都在大家面前摊开时,其中的每一个细节都会促使观者燃起对 IP 和产品的热爱,其购买和付费的意愿也会更高。

这其实是一台情绪价值和实用价值拉满的"节目"。

★ ★ ★

一名记者去采访一位农民大爷,问:"如果你有一百亩田,你愿意捐出去吗?"

农民说:"愿意。"

记者又问:"如果你有一百万,你愿意捐出去吗?"

农民说:"愿意。"

最后记者问:"如果你有一头牛,你愿意捐出去吗?"

农民说:"不愿意。"

记者感到困惑了,为什么这次不愿意了呢?

农民说:"我真有一头牛。"

在做内容的初期,我们最容易犯的就是农民大爷的错误——希望或者只舍得输出一些看似高大上,实际上却是东搬西套并不属于我们自己的认知和经验。这样一来,你的内容就和你的人一样,无精打采,毫无创意,看了不带劲。更重要的是,你变成了一个读稿器,而不是真诚分享的人。

你需要"捐出自己的牛"——真实、真诚、属于自己的内容才最打动人心。

你的内容就是你自己,内容和人是合二为一的。内容构建了产品、服务、渠道和消费者,这是过往的商业中没有出现过的形式。我们应该感到欣喜,并充分拥抱这种新结构。

而做内容本身,是一种"被看见"的体验,会促发人性的良善。

2012年,瑞安·布厄尔和同事在哈佛大学的安嫩伯格餐馆进行了一项实验。这家建于19世纪末的餐馆每天需要供应超过3000份餐食。在19世纪,人们会认为让食客看到厨房里的工作是不雅的。当时的客人如果想下单一份三明治,和现在大多数餐馆的情况类似，需要在纸上写下订单，交给服务人员。服务人员会通过一个小窗口将订单传到厨房，让厨师阅读订单并烹制食物，然后再通过窗口将做好的食物放在托盘里。服务人员会拿走托盘，将食物端给顾客。

厨师看不到顾客，顾客也看不到厨师。

在实验中，布厄尔团队在订单站放置了带视频会议软件的 iPad，顾客和厨师端各放一台。当研究者开启 iPad，且只有厨师能看到顾客时，顾客对食物的满意度上升了 14%。当顾客也能看到厨师时，顾客对食物的满意度上升了 22%，而厨师的工作速度提高了 19%。一位厨师告诉研究人员："当顾客能看到我们制作食物时，他们会更欣赏这个过程，我们也会更珍视我们的工作。这让我更想做好它。"

当厨师能看到顾客——自己努力的受益人时，他们的工作也显得更有意义和影响力，这会让他们更愿意付出努力。而当顾客亲眼看到厨师烹饪他们的食物的过程时，他们会认为厨师投入了很多努力，会更感激这些努力，并更重视这项服务和服务衍生出的产品。

这就形成了一种良性循环。而同理，IP 的内容构建和直播，就是为了形成这种良性循环。

主播和内容创作者通过弹幕和评论区看到了自己的受众，而受众也通过直播画面和视频等形式看到了主播和内容创作者。

说了这么多，你可能还是心存疑虑。我在直播中就经常听到这样的声音："哪儿有那么容易？"或者"我做过，没人看，弃了"。

为什么很多人做 IP 做不起来？这个过程就像健身一样，会经历坚持、调整、再坚持、放弃、重新开始、再调整、再次坚持……中间可能会放弃一阵子，没关系，再捡回来就行。你的健身卡都过期了不知道多少回，你也鸽过健身教练不知道多少次，既然健身都一阵自律一阵摆烂的，凭什么做自媒体 IP 就必须百发百中、没几天就出爆款呢？

健身效果不佳是健身这件事本身的问题吗？是你自己的问题啊。

是自己的问题也没关系，在哪里摔倒了，就拍拍土继续做呗。做自媒体时，人与人的差别就是，有人会想试试看自己行不行，不行就算了，有人却觉得一定要开始做，做得不行也得做，换个方法做，需要继续做。差别就是这样。

别的不说，就"坚持"这一点，已经把好多账号熬走了。我自己做自媒体 3 年了，直播了 200 多场，一路磕磕绊绊走到现在，全网粉丝超百万，大家可能觉得还行，但我自己也经常很沮丧：做的东西没人看，好几个月不涨粉，付出了没回报是常事。那有什么的？继续发，继续播，继续经营社群，继续做呗。为什么？

因为歪打正着地开始了之后，我发现人们是没有任何理由不去做 IP 的，事实上，在这个时代，如果你想做点事情，如果你想贪婪地寻求一丝丝对别人的意义和影响，如果你想在人生的旷野之中充当一个桥梁，承上启下，继往开来，如果你想有机会在凌晨 4 点失眠的时候，看到播客的评论区出现一段走心的感谢，来自一个不做网络就永远不会有交集的陌生人，如果你想让自己的职业倦怠有一丝苦口的良药,你就没选择,你必须做 IP。

这是我心目中有野心的现代人类的终身必修课,是脑力、情绪和体力的持久战。能坚持下去的人不多,所以坚持才可贵。百万级畅销书《掌控习惯》(*Atomic Habits*)的作者詹姆斯·克利尔(James Clear)有一句特别有震撼力的表达:"罗马并非一日建成的,但他们每小时都在砌砖。"

再分享我的一个观察,给大家的风险加一个缓冲器。如果你对做自己的 IP 有些畏难,可以先帮别人做,入局一些周边的工作,比如视频剪辑。如果你对内容有一些属于自己的理解和构建,每个视频的剪辑收入大概是 50 元起,无上限。还有一项工作是音视频转文字。当创作者的账号跨越 5 万的门槛,他们就可能遇到多平台分发内容的需求。你如果文笔流畅,做这项工作也是一条轻量的搞钱途径。

我们可以把目标锁定在粉丝量在 1 万~20 万的中小型创作者,通过平台私信联系他们。沟通初期,建议提供一次免费的试用装让对方体验,这样你就有较大机会拿下这份工作。因为这类博主大多没有专职的剪辑师,通常是自己剪辑或者外包,所以他们的转换成本很低。如果他们的数据因为你的剪辑有了大幅度上涨,溢价空间远不止双倍。

还记得前面讲到的透明化和 IP 之锁吗?一定不要浪费这次经历。你可以记录这个兼职的过程,分享想法和经验。

从分享第一个内容开始,你就在与受众建立一种"心理契约",

这本质上是一种非正式义务：你提供内容和想法上的陪伴，而受众因为你的陪伴开始需要你。当这种需求日益加强，一种风险随之而生——失去你的风险。大家会关心你的近况，关注你的声誉和发展，和你共同创作。

在拥有一种可能会失去的东西时，人们就会升起一种责任和爱。你们会变成彼此的软肋，IP 由此起飞。请记住这个事实。

截至 2024 年，地球上约有 81.2 亿人。

此时此刻正在阅读这本书的你也是其中一员。

这是一件值得高兴的事。我们很鲜活地存在着，或多或少地在用自己的形式构建着自己在其他人眼里的印象。我们的 IP 有大有小，但都独一无二。

下一章，我会讲讲个人 IP 如何增值的问题。

**本章参考文献：**

Ryan W. Buell, "Operational Transparency: Make Your Processes Visible to Customers and Your Customers Visible to Employees," *Harvard Business Review* 97, no. 4 (March-April 2019): 102–113.

Ryan W. Buell, Tami Kim, and Chia-Jung Tsay, "Creating Reciprocal Value through Operational Transparency," *Management Science* 63, no. 6 (2017): 1673–1695. https://doi.org/10.1287/mnsc.2015.2411.

# 第 15 章
## IP 成功的秘密：不要完美，要漏洞百出

PART
3
认知

我们来设想这样一个故事。

小 D 和小 E 一直听说在地球外有一个平行次元 X 星球遍地是黄金，非常向往。因缘际会之下，他们成功地打开了一个通往 X 星球的传送门。

他们发现 X 星球与地球有些相似，但时间的流动速度和社会规则有所不同。

小 D 在地球是备受尊重的企业高管，小 E 是他的下属。他们都是理工科背景，觉得应该可以在科技感十足的 X 星球找个不错的工作，高薪厚禄，干两年后回地球躺平，岂不快哉？

当他们尝试求职的时候，他们的简历被退了回来，原因是不符合规范，无法辨认。他们尝试修改了格式，可简历同样在传送过程中被屏蔽，无法被系统识别。

小 D 和小 E 尝试用各种方法破解翻译的难题。他们使用声波和电磁波，但所有方法都未能成功，后来他们发现，量子态在跨次元时会发生不可预测的坍缩，导致信息无法准确传递。

在这个艰难的过程中，小D和小E遇到了同样从地球来的同乡小F。小F告诉他们，X星球的简历不是那样写的，你发明再多设备也没有用。

X星球的简历一般要回答以下问题：

在搜索引擎上搜你的名字，会找到什么？

你有多少粉丝？

你有多少铁粉？

你开放一场直播，会有多少人进出，多少人实时在线？

你举办一场线下活动，会有多少人报名？

人们会在流媒体上看到你的视频吗？

你出过畅销书吗？

你有多少个私域社群？

小F继续介绍道："他们这里不仅找工作需要这些信息，交朋友也需要。"

小E随口问道："所以我们需要重新开始呗？"

小F听后哈哈大笑："当然了。"

小E说："那太好了，我早就想逃离地球上的一切，这不等于重生了吗？"

小D沉默了很久，嘟囔了一句："我想回去。"

2015 年以前，这个 X 星球可能是个外星球。

到 2025 年，X 星球就是如今的自媒体世界。

那么问题来了：你是小 D、小 E 还是小 F？

这个世界是一个新的次元。我们对这个次元最大的误解就是觉得它是一个"非人"的社会，一切都要赛博朋克起来。

我们生活在一个奇怪的时代，所有的企业文化课程都在引导管理者塑造一个像真人一样鲜活的公司，营造舒适与温暖的企业氛围，但我们这些真正的活人想发展财富、想做 IP 的时候却喜欢反着来：想做得像个公司，想去除人的因素。

我们已经经历了工业、互联网和 AI 的时代，人们对这些现代科技的洗礼感到越来越疲累，你、我、他都期待更多人的因素，期待更多的真实和温暖。

有个性的真人就是 IP 成功最珍贵的密钥。

## 我们为什么喜爱超级英雄？

1962 年，斯坦·李（Stan Lee）和杰克·科比（Jack Kirby）共同创造了绿巨人浩克这个角色。让我们一起简单重温一下绿巨人的故事。

布鲁斯·班纳（Bruce Banner）是一位天才科学家。他中等身材，略显瘦削，深棕色头发，戴着眼镜，具有典型的知识分子气质，穿着简单的实验室服、衬衫和牛仔裤。班纳平时冷静、坚韧，喜怒不形于色，也不太乐意向他人袒露自己。

在一次实验中，班纳暴露在伽马辐射中，之后他只要遇到负面情绪的暴击，比如在愤怒、恐惧或备感压力时，就会变身为浩克。浩克拥有巨大的体型，皮肤是绿色的，身高2米开外，体重达数吨，肌肉发达，大手大脚，眉毛粗重，头发像是用发胶抓过，眼睛发光，牙齿锋利，浑身充满力量和野性。变身后的浩克身上通常只剩下一条残破的紫色或蓝色短裤。浩克的情绪管理能力为零，对他来说，情绪越激烈，能力和战斗力就越强。愤怒就是他的"血条"。

班纳在童年时期遭受过父亲的虐待。他表面的身份是一个科学家，一般人们会认为科学家是理性、儒雅的，但他的内心会在理性和感性之间极限拉扯。动画片用夸张的手法刻画出一个绿巨人的形象。这其实就是班纳内心的投射。

强大又可怜，理性又感性，孤独又合作。这些冲突点构成了班纳的个性。

我们每个人的内心和外在都有这样的冲突点，做个人IP就是要帮助自己找到这些冲突的、充满人性味道的要点，并将它们真实地放大。

**做个人IP不是要呈现一个完美无缺的人，而是要发现一个人内在的个性、弱点、缺陷、冲突和矛盾。真实远比演绎更动人。**

纵观漫威的超级英雄，他们身上都充满了冲突、戏剧性和不完美。英雄落难后绝地逆袭的剧情让他们显得强壮又脆弱，真实又可爱，坚强又破碎。

钢铁侠托尼·斯塔克（Tony Stark）也是这样。

他表面上是亿万富翁和天才武器发明家，然而事业和人生的功成名就却难掩他内心的自我怀疑和罪恶感。尤其在意识到自己就是世界最大的潜在威胁之后，他内心的痛苦不断加剧，让他一度沉迷于用酒精来麻痹自己。之后，他决定以钢铁侠的身份投入战斗，来弥补自己的过错，维护世界和平，完成自我救赎。

如果故事讲到这里，这就是一个经典的励志套路，并不足以让我们真正喜欢上这个人物。因为这些描述不够"活"，带着浓厚的正面报道口吻，缺乏细节和温度。

在我这个漫画迷的心里，斯塔克是个什么样的人呢？他有自己的小傲娇甚至傲慢，会因为技术领先而洋洋得意。他不高兴的时候就像一只炸毛的猫，完全听不进去别人的建议。他的控制欲极强，且过度依赖机器和技术。这些缺点并不是无伤大雅的。斯塔克和班纳一起创建了奥创，这是一个 AI 含量极高的机器人系统，初衷是保护地球。但斯塔克没对潜在风险做好预案和预警，导致奥创的自我意识觉醒，妄图灭绝人类。这个错误触发了电影《复仇者联盟 2：奥创纪元》（*Avengers：Age of Ultron*）中的一系列灾难性事件。

除了这些，斯塔克的"局限性清单"还可以拉很长：他有自毁倾向，埋头工作时不顾自己的健康和安全；他处理不好亲密关系，多次搞砸和女朋友佩珀的关系；他在复仇者联盟的纽约大战后患上了创伤后应激障碍（Post-Traumatic Stress Disorder，PTSD），表现出极度的焦虑和失眠症状……

也正因为这些,我觉得托尼·斯塔克是一个可爱、真实、多维立体的真人。

他的优点我可能追赶不上,但他的好多缺点我自己都有。因为这些,我喜欢他,大家喜欢他,他的品牌价值也随之飙升,使他成为全球广受欢迎的超级英雄。

科学研究发现,人的魅力来源于外貌、性格、行为模式和社会身份等多种因素的综合作用。在真实生活中,健康的外貌、自信、幽默、善良、富有同情心、拥有社会地位和资源等因素会被认为是吸引力的重要指标。

但是,这里有一个巨大的 XXXXXXXXXL 号的"但是"——网络世界不是这样的。在网络世界,最重要的卖点不是这些完美的因素,而是真实和个性。

哪怕你长得像标准样板间、高考数学 147、年薪百万、自信阳光、儿女双全,也不如有个性这一点更能给品牌带来张力。

个性来自哪里?你可能会想到如下因素。

- 成长经历
- 认知
- 真实社会身份
- 兴趣爱好
- 外在特征

你会大声地说，这就是我的与众不同之处啊。每次在新团体里自我介绍的时候，我都会说这些要点。我把这些放到网上就够了吧？

是，也不是。那个人IP的效果由什么决定呢？请记住这个公式。

> **认知 × 情绪 × 乐趣**

我们很多人在确立自己品牌的锚点时，比较喜欢达成的是第一个目标——认知。简单来说就是，我有一些知识、经验和见识，想要与你分享。

2022年开始，我在互联网上直播，解答大家关于学术入门、择业就业的问题。当时的口碑很不错，也满足了我做自媒体的初衷：给出去，创造价值。

但在看到别人的直播间动不动就成千上万人的时候，我还是会偷偷地难过：我到底差在哪里呢？扯着嗓子答疑，掏心掏肺分享，数据却跟自媒体同行们相差甚远。

2024年暑假，我闭关写东西，包括一篇论文和你此时此刻看到的这本书。我给自己定的目标是每天高效工作8～10小时，这样一来，周四晚8点、每周一次的直播我就没空做了。但我既然闭关，就有时间在家吃饭，我也喜欢做饭，于是我突发奇想，开始在做饭的时候打开直播，边做饭、吃饭、边答疑。

前所未有的自然流量涌来。一顿饭一个多小时，进出上万人。

我还是我，认知还是那点儿认知。"认知 × 情绪 × 乐趣"这个公式里的第一项毫无变化。第二和第三项才是其中有趣的增量。

大家不是不懂得欣赏，是你给的不够。

大家的反馈里有这样的描述："松弛感""乐观""太逗了""普通生活的具象化美好""我爱看老师做饭""老师原来也有这么多缺点""你说的我都能听进去""太真性情了""学到了""我心情都变好了"……

## "丑"的魅力

美国电子商务市场 2015 年的销售额已达到 3417 亿美元。市场已然成熟，想要突围，个性和不同至关重要。同年，Imperfect Foods 成立，通过销售外观有瑕疵的农副产品来减少食物浪费、促进可持续发展。不同于传统商超配送的偏好，这家公司采购和配送的产品都是"丑"的：长相怪异的蔬果、长短不一的意大利面、不完整的咖啡豆等。

公司的商业模式围绕订阅服务展开，客户会定期收到这些价格低廉但营养丰富的"丑"食物。2022 年，Imperfect Foods 被另一家有类似使命的公司 Misfits Market 收购，这次战略性并购进一步巩固了二者在"丑"食物领域的领导地位。两家公司总历史融资额达 8.41 亿美元，是这个品类的头部玩家。

2024 年初的一天，在打完羽毛球之后，我和几个朋友骑着自行车途经北京三里屯西五街，想去超市买水和零食。我们进了一家

图片来源：商品官方网站 https://www.theuglyco.com/

图 5　我看到的樱桃果干

平价进口商品超市。因为打完球太热没有胃口，我拿了一瓶苏打水，还想挑个果干开开胃。

货架上，一包樱桃干的包装吸引了我的目光，上面写着大大的"Hello！I'm ugly"（你好！我是丑的）。

在整个货架的果干中，我的目光根本无法从它上面挪开。因为它有点儿贵，我把它拿起来，放下，又拿起来，最终还是结账走人。

我感觉这包果干很真实、很脆弱，雾面桃粉色的包装又很有质感。

在社会学里有一个名词，叫"印象管理"（impression management）。印象管理理论是由社会学家欧文·戈夫曼（Erving Goffman）提出的，它还有一个姐妹理论，叫"拟剧论"（dramaturgical theory）。这两个理论都发表在戈夫曼的经典著作《日常生活中的自我呈现》（*The Presentation of Self in Everyday Life*）中。这本书探讨了个体如何在社会互动中有意识地扮演不同的角色，以影响他人对自己的看法。这两个理论，尤其是印象管理理论影响深远，在如今的社科顶级学术刊物中随处可见。

印象管理理论在提出之初受到了一些非议和批评。主要批评观点是，这个理论过于悲观，描绘了一个人人都在表演、缺乏真实和真诚的社会。批评者认为戈夫曼忽视了许多真诚的人际互动，而只是强调了人际沟通中自我呈现和操控他人印象的方面。

这些观点引发了关于社会行为的道德和伦理讨论。

戈夫曼在后续研究中应用大量实证研究方法支持了自己的理论。同时，他在1971年的著作《公众关系》（*Relations in Public*）中表达了自己的观点。戈夫曼认为，印象管理是人类社交生活中不可避免的部分。他认为，印象管理不代表不真诚，恰恰相反，这种行为有助于维持社会秩序和人际关系的和谐。有意思的是，他分享了自己的观察：即使在最真诚的交流中，人们也会通过某种程度的自我控制和管理来更好地传达自己的感受，并使其被对方感受到。

如果你认同戈夫曼的观点，你就会意识到，你现在生活在一个全新的时代，你的舞台疆域在拓展。个人IP的塑造不仅停留在前台，我们最为珍视的受众还想看到中台、后台和你的心。他们不是想检验你是否内外一样完美——他们想看到你作为一个真实人类的样子。

你的美和好我都知道,但你的丑呢?你的不完美,我想看到。

**不完美让人安心。**

如果问硅谷排名前三的个人 IP 都是什么,位次如何可能有争议,但有埃隆·马斯克一席之地这个事实应该是毫无争议的。我们都知道他的辉煌业绩:登火星、卖特斯拉、造星际飞船、钟爱冲浪、无所不能……

他的品牌不是一天建立的。一般商业人物的个人 IP 都是自己漂亮的职业简历,而马斯克的个人 IP 是由一个实干梦想家的挫败与日常"发疯"构成的。

1999 年,马斯克创立了一家在线支付公司 X.com。2000 年,X.com 与彼得·蒂尔和麦克斯·拉夫琴创立的 Confinity 合并,后者的主要产品是贝宝。合并以后,马斯克只当了 7 个月的 CEO,就因为技术路线和管理风格上的异议在度假时被董事会集体罢免。

马斯克气炸了,但也没能扭转乾坤。当时的社交媒体还不发达,不然他得发 200 条推文去怒斥这件事。

在之后的漫长年月里,马斯克一找到机会就会把自己的这段经历拿出来分享。被赶走之后,他还争取过做公司的发言人,但未被批准。我们一般人会觉得这样很丢人,但他不会。他自己做自己的发言人,在推特上玩"梗"、造"梗",制造争议话题,获取免费流量。

他如果只是这样"厚脸皮",可能也没那么有趣。在他的性格里,还有一大部分的"小心眼"和"要面子"。

问大家一个问题：你先知道的是特斯拉还是马斯克？

我是先知道马斯克的，这可能和我是商学院老师有关。我经常看硅谷和华尔街的商业信息，很早就知道这位"爱折腾"的创业者。

特斯拉最早进入中国的时候，是某个创业群体的"社交货币"，我因为经常在这个圈子做研究，被迫坐过很多辆特斯拉，那些创业者闪闪发光的眼神让我直到现在都印象深刻。他们说的话也基本是这几句："怎么样？！牛吧！你看这视野，你看屏幕，酷炫吧！"这是第一部分，以他们获得认可告终。之后进入第二部分："马斯克这哥们儿太牛了！……"

在他们的误导下，我一度以为，特斯拉是马斯克创立的公司，但一查后发现并不是。特斯拉创立于 2003 年，创始人是两位工程师马丁·艾伯哈德（Martin Eberhard）和马克·塔彭宁（Marc Tarpenning）。马斯克在 2004 年初通过 650 万美元领投特斯拉的 A 轮融资成为公司的主要投资者和董事会主席，艾伯哈德任首席执行官。

2006 年，艾伯哈德在电视采访和会议上被媒体称为特斯拉的创始人，这一年，他还出现在黑莓手机的广告中，广告文案提到他"创造了第一辆电动跑车"。一些关于特斯拉融资的新闻稿在讨论公司创始人时只提到了艾伯哈德和塔彭宁。

这些实时性报道和两位的风头让"小心眼"的马斯克心生嫉妒，但显然，他不会内耗。

他开始"作妖"。

马斯克越过特斯拉的公关人员，四处接受采访。

特斯拉的公关负责人杰西卡·斯威策（Jessica Switzer）对此表示了不满。马斯克在自己的小本上记下了这个"仇"，之后找机会把她开了。同时，他还给斯威策的继任者提出了具体的要求："迄今为止，我在公司的角色仅仅被描述为'早期投资者'，这种提法令人愤怒，这就好比马丁被称为'早期雇员'一样。我对特斯拉车辆的影响是方方面面的，从大灯到车身造型，从门框到后备厢。我对交通电气化的强烈兴趣早在特斯拉公司诞生前十年就出现了。媒体报道里，马丁当然是核心人物，应该排在最前面，但对我在公司地位一贯的轻描淡写简直是欺人太甚、令人发指。我希望在合情合理的情况下与每家主要媒体再谈一次。"

他的这些远上不了台面的"工作日常"，让他在当时的知名度远超他实际的财富级别。

之后，似乎如马斯克所愿，创始人艾伯哈德和塔彭宁于2008年接连离开了公司。

2007年，马斯克的个人IP对其事业产生了新一轮加成。当时在拍摄《钢铁侠》（Iron Man）电影的导演乔恩·费儒（Jon Favreau）觉得马斯克就是现实生活中的钢铁侠。为了更好地塑造托尼·斯塔克这一角色，他把演员小罗伯特·唐尼（Robert Downey Jr.）派去参观了马斯克的SpaceX和特斯拉。

这个举动让两个复杂的IP产生了联结。

在《钢铁侠2》（Iron Man 2）中，埃隆·马斯克本人还客串出演，以真实身份出镜，与托尼·斯塔克在发生于摩纳哥的一个场景中有简短的互动。

这就是互联网上个人 IP 的真谛：漏洞百出、有血有肉的凡人，远远好于完美无瑕的偶像。

在做个人 IP 的时候，除了把自己的优势和特色放在聚光灯下，还要将自己的瑕疵和脆弱也释放一部分。你的出现，你的呈现，你的戏剧人生，给可能生活在世界任意一个角落的人贡献了增量。这就是真人品牌最昂贵的价值。

2023 年 5 月刊的《哈佛商业评论》（*Harvard Business Review*）有史以来第一次将"创建个人 IP"作为封面主题，配图是两个拍摄视频时用的补光灯。

在此刻，社交媒体、在线平台已进一步普及，智慧型手机拍摄功能正不断迭代，舞台和技术已经齐备。而全球经济的不确定性、就业市场的激烈竞争以及自由职业的兴起也将个人 IP 的价值推到了前所未有的高度。

在此，我的重点不是让你放弃追求美好，但你必须认清一个事实：虽然人人都向往美好，但喜欢看到别人成为人生赢家的人远比你想象中少。

如果个人 IP 的美誉度和传播度是你的目标，那么一定要注意选择正确的方法——去做一个互联网上最稀缺、最珍贵也最能获得稳定尊重的真人。

## 第 16 章
## 利润为王:发展财富的重中之重

当我被任命为普林斯顿高等研究院的教授时,我常说,我的真正工作是充当精神科护士,安慰和关怀那些感到孤独或抑郁的年轻访问学者。这些学者处于高度压力的环境中,他们被给予一到两年的自由时间,并被期望在此期间取得一些拿得出手的成就。如果未能在这种独特的机会下有所表现,他们就很有可能心理崩溃。在我担任教授期间,我失去了三位我邀请来的年轻学者,其中一位自杀,另两位最终进了医院。我不知道自己挽救了多少人,我只知道研究院对年轻人来说是一个危险的地方。作为教授,我肩负着维护他们心理健康的重责。

如果你对自己的判断足够自信,可能会猜想这是最近某位知名教授的人间观察。毕竟现在高校青年教师压力巨大的问题已经不算什么新闻了。但事实上,这是物理学家弗里曼·戴森的一篇日记,写于 50 多年前的 1971 年。

我们以为的极其特殊的时代内卷产物,在多年前的异国竟然也发生过。科技的进步会让人们产生一个错觉,那就是一切都在改变。我们如果陷入这个逻辑轨道,会错过很多来自过去的宝贵信息。感觉每天的生活都是崭新的,可能也不是一个好消息。如何以史为鉴,同时锐意创新,可能是每个人在发展自己和发展财富的时候需要注意的重要问题。

沃伦·巴菲特在伯克希尔·哈撒韦公司总部的墙上展示了一些整版报纸,这些报纸的头版报道了经济衰退和市场崩溃的消息。巴菲特说,这是为了让自己和同事们警醒——<u>发生过的事情还有可能再次发生</u>。

每一个想发展财富的人类,都应该把这句话贴在墙上。

人类欢乐的出现形式往往千奇百怪,但人类的悲哀和挫折会代代相传,在历史的浪潮中伺机而动。这提醒我们,要平静和审慎。

在创造新收入的象限中,存在一个普通人常犯的错误——忽略利润。这个错误始于赚钱的愿望。犯错的人忙忙碌碌,抛家舍业,没有自己的时间和娱乐,最后却搞了个"寂寞"。

经手过 2000 余家亏损公司后,日本的传奇企业咨询顾问长谷川和广对商业失败的原因给出了一个肯定的答案——"创造利润的能力低"。

任何一个商业组织,无论规模是一个人还是一万个人,在做所有决定时,都需要把利润放在心尖上。想增加人手的时候,要问自己,增加的人员能否带来利润?如果不能,可以不增加。研发商品的时候,要问自己,这个精美的商品能否创造利润?如果不能,就不需要研发。

在找人和做事的时候,可以把"能创造利润"当成第一要义。这不是短视,因为长期来看,能创造利润也是信任感的重要源泉。

投资银行家彼得·彼得森对此进行过生动的诠释。20世纪初,美国的商界对商学院提出的模型带有强烈的滤镜,企业管理的各个模块要像乐高积木一样精巧地摆放在一起,呈现出现代化公司的样子才算好。彼得森用行动反驳了这种经营思路。他在32岁时加入了摄影器材公司贝灵巧(Bell&Howell),在那里做了8年的职业经理人。他的经营思路在当时的大公司中有点儿"非主流"和"短视":他不太沉迷于时下流行的战略工具和未来预测,而是把精力放在核心业务的利润目标上。8年后,因为业绩表现出色,彼得森被尼克松总统称为"我这个时代最伟大的首席执行官"。

在离开贝灵巧的时候,他回顾这段旅程,给自己的绩效打了分。打分的几个维度就是彼得森的经营理念:利润为先。

- 努力推进成本控制【得分为 A】
- 引进新产品以保持市场份额和利润【得分为 A】
- 把握未来方向【得分为 C】

在前两个维度上,他自评做得很好。而关于第三点,彼得森并没有那么遗憾,这是利润理念下的必然成本。在离开贝灵巧之后,彼得森进入尼克松政府服务，次年就任商务部长。

我曾参与一个食品企业的管理咨询，做人才盘点和绩效复盘。

其中一块是要分析他们斥巨资打造的战略增量：新媒体事业部。分管业务的副总向我们介绍起刚刚成立的新媒体事业部，这个事业部的所有人都是从外部引进的人才，很贵，简历也好看。在他侃侃而谈地介绍人才背景时，我眼里看到的全是成本。

之后，我们拉了一下这个事业部的流水、业绩，包括销售方案，结果直观易懂。

- 人海攻略（30个主播，10个"日不落"直播间，24小时播不停）
- 低价攻略（比照同行定价低20%）
- 投放攻略（每个单品投放成本20%～40%）
- 简约汇报攻略（只汇报销售额，不汇报利润）

我当时问了创始人一个问题，做这个的目的是为了上市或者融资吗？他说不，他们不打算上市。

我接着问他，目前看起来财务的指标不太好，那我们是为了用这个方案冲击品类名次和市场占有率吗？

他说，他没想过。

听起来有些荒诞。这个新媒体部门的年度计划和三年计划中，没有一个部分出现关于利润的描述，也没有相关的预期和节点说明目前这个策略是为了什么，哪里是终点。

这家食品公司的新媒体事业部的主管在复盘会上很得意地汇报了他们的销售业绩，不断地喊出那句"销售为王"的口号。确实，这也是公司的企业文化之一。

更讽刺的是，他们还有一个销售部。这是早期成立的部门，负责传统渠道以及最新的达人带货部分。从销售部总监的汇报中，我隐约感受到了张力——他对新媒体事业部的运作是不满意的。

销售部的业绩虽然也是销售额导向的，但和新媒体事业部主管不同，销售部总监很在意利润，为什么呢？因为这个部门现在的核心业绩有两个指标：一是传统渠道代理商的拿货量，二是找达人带货的业绩。这两个指标虽然也是销售额指标，但和商品利润高度相关。利润做不上去，这两个指标就好不了。例如，新媒体事业部的低价策略导致代理商拿到货后如果标高价码，顾客在比价后就不会买，如果标低加码，考虑到成本，代理商不赚钱，就不会有意愿拿更多的货、铺更多的渠道。而对带货达人来说，因为产品的价格做得很低，他们的佣金比例上不去，卖这家货的收入远低于卖其他同类商品的收入，而食品这个方向的可替代性又很强，所以情况也不容乐观。

这家公司的员工都想把业绩做好，却因为决策者的糊涂而在内部彼此消耗。这家公司也因为对利润的忽视出现了现金流的危机。销售额看起来很乐观，却一点儿都不赚钱，一年算下来还小赔一笔。

这里提醒各位想创造新收入的朋友，一切项目策划都要包含利润的数字和时间点，"什么时间能产生多大的利润"是一个重要的问题。这和时代没关系，而是因为手段和平台再时髦，你也要以利润为主。你不是烟花,因此不需要绽放,而是需要像月亮一样——别人不一定看得见你,但你永远会照常升起。

商学院倾向于分开教授这些:战略是战略,愿景是愿景,利润和财务指标则是单独的一块。这些内容可能被分为三门课,但其实它们是有机统一的。在真实的商业运作中,无论体量大小,它们都是共同起作用的。

我建议大家做任何项目时都把口号改成"利润为王"。在不容易的时代,只有利润才配为王。只有利润足够,现金流丰沛,你才能不怕"发生过的事情继续发生",才能扛过去。

## 定价的常识

从上面的例子中大家也能看出,除了成本,售价也是利润公式中很重要的一个指标。定价是一门古老的显学。对想创造新收入的普通人来说,无论是在职场中谈薪酬,还是在经营副业、自由职业时销售自己的服务或产品,你都有必要好好了解定价的常识。

传统的定价方式会基于市场和成本做综合的安排。比如最基础的"成本加成定价法"(cost-plus pricing),就是基于产品的生产成本,例如生产素材、劳力、资金等成本,加上固定的利润加成,得出合理的售价。

这个思路符合逻辑,但缺失了人的因素。竞争者的情况会让你的成本压缩或膨胀,而更重要的是,购买者会根据心理价值去付费，这就是之后的"价值导向定价法"（value-based pricing）或者"心理定价法"（psychological pricing）。我们熟知的奢侈品定价就遵循这种思路。一个奢侈品牌包的定价不仅考虑到了工艺和定制的皮革、独特的染色，还承载了消费者对自我身份认同的价值。事实上，价值导向定价法也存在于基础消费中，甚至会有商品的提供者基于消费者内心的定价去反向生产。比如，假设消费者需要15元包邮的T恤，生产者可以根据这个价格来倒推一下如何控制成本进行生产，而5元的奶茶也不是不可以实现。

时尚界和环保界人士一直在教育消费者，购买衣服需要计算的是经济账而不是绝对价值，例如，你应该考虑买来的衣服会穿多少次，应该更关注价格平摊到每一次上有多少，但消费者的行为并没有太大的改变。根据艾伦·麦克阿瑟基金会（Ellen MacArthur Foundation）援引欧睿国际（Euromonitor International）的数据报告，过去15年里，我们衣橱里的衣服在消失之前的平均穿着次数急剧下降，大部分衣服的穿着次数不到10，而我们的购买次数却在持续攀升。

价值导向定价法中有一个玄妙的部分——产品的类金融属性。从画作到地毯，从书法到票根，从限量自行车到包浆的手串核桃，从白酒到邮票，从球鞋到潮玩手办，从唐宋明清的古董到欧美日韩的产品，部分"发烧友"为了自己坚信的升值空间，会支付一个可能超出常理的价格，颇有些购买理财产品的味道。虽然各路专家反复提醒大家，可以为个人喜好付费，但不要去追逐升值空间，可事实上，这些冷水并没有起到什么作用。大家依然愿意为了自己认可的价值买单，并乐此不疲地在朋友圈子里分享这些"社交货币"。

作为定价者，如何在价格结构中找到自己的位置至关重要。去教育别人，永远不如改变自己明智。在各种创新产业中，消费者教育都是费力不讨好且成本极其昂贵的。

我们继续来看定价结构。在市场上，作为消费者，当你做出选择的时候，你会在市场上询价。在没有品牌价值的前提下，你会去除最低价，因为它看起来没有那么可信；你也会去除最高价，因为它让你看起来像个"冤大头"。你会在中段价位中做出选择。在这个过程中，为了让自己显得更聪明，你会找到一些锚定的点位去说服自己和他人：我是个超级牛的消费者，我好会买东西啊。

这些点位就是我们在定价时需要努力的地方——把价格放在中段，同时埋一些点位来告诉对方，你的选择好聪明，你好有智慧，你是最棒的消费者，你的每一分钱都花在了"点"上，你真的真的很会买东西！

具体怎么做呢？

如果你的产品或服务没有太多参照物，你可以在自己的价目表上做出一些来，比如高中低三种选择。这是给对方做决策时提供的重要的上下文。

如果你做的是兼职服务，你可能会遇到一个场景：对方来询价时只是将你视作一个潜在选择。这时候，你要知道背后的逻辑：询价方不一定是一个人，很可能是一组人；来询价的人也不一定是决策的人，可能只是负责沟通传话的。所以在这个阶段，要做的不是被各种情绪迷了眼,而是耐心地将这次询价当成一个互相了解的过程。如果你想获得更多工作机会,就要善待这个过程。这个过程越细节,你学到的就越多,同时对方付出的时间和心力也越多。

人们不是越喜欢你就越愿意付出,而是付出越多才越喜欢你。你要鼓励对方付出。

如果你的定价不明,或者你暂时不知道自己的身价,你可以在了解的过程中问对方一个关键问题:聘用像我这样的人做这个工作,你们一般的付费形式和结构是什么样的?

通过和对方接触,你可以感受到对方是否尊重你,以及你会以怎样的形式获得报酬。请相信你的直觉。如果你感觉很差,觉得没有被尊重或者对方试图用金钱资源来碾压你的尊严,请终止这次合作。

## 谈价的技巧

在谈价格的拉扯过程中,有一句台词可以惹毛所有人——"再便宜点儿吧"。

我听过不少故事。经过漫长的询价过程,双方有合作意向,但对方一味压价。我们已经给出了价格底线,但他还是想要更低,于是我们"癫"了。对结果迫切的渴望和烦躁,让你很容易情绪当头,说出"我不做了""你们找别人吧"这些会让你后悔的话,或者直接拉黑对方。你会陷入一种自我拉扯,一方面觉得自己玻璃心,另一方面觉得自己在为五斗米折腰,屈辱不堪。

所有的这些,你都可以放在一边。你需要找一个"情绪冰箱",把自己的头伸进去,深呼吸一口,然后告诉自己:"他不是针对我。这是他的工作。"

然后记得把头拿出来。把自己当作专业的生意人,去和另一个生意人走过这个再正常不过的流程。

不要陷入自证价格的陷阱。只要已经达到自己的价格底线,守住它就好。不需要去证明你是值这个钱的,不要解释。这只是一次价格谈判,不是关于你人生的重大命题,不要做过度的投射。

举个例子。对方有一个需求,是 A+B+C+D+E 这样的组合。你心目中有满足这个需求的最低合理定价。

这个定价显然超过他们的预算,于是你们僵持不下。

除了坚守定价,作为有积极注意力偏好的人,你可以给对方出个主意:帮他们梳理出需求中必要的和选要的,和对方一起商量哪些需求对结果影响不大,之后可以重新提出三个选择。

- A(必要)+ B(选要)【预算内】
- A(必要)+ C(选要)+ D(选要)【预算内】
- A(必要)+ C(选要)+ E(选要)【预算内】

这三个组合都在对方的预算范畴内,提出选择的步骤也是我们真诚地为促成合作而抛出的橄榄枝。一般来讲,很神奇的是,你提出这些之后，对方会觉得你很好合作、很专业，燃起对你的尊重。之后他们会告诉你，他们同意初始的方案和价格，或是接受其中一个组合，达成交易。

同样，如果对方没有接受任何一个方案，甚至用言语侮辱等方式贬低你，那你就该来到真正的冰箱前，拿出一罐冰镇汽水来庆祝一下了——幸亏你们没有合作，你还没做噩梦就醒了。这样的合作方真合作起来会非常艰难，没有开始就是最好的局面！

关于定价，有一个好消息：随着你的经验和能力的提升，你的价格也会随之上涨。这时即使面对老客户，你也可以继续去就价格谈判。

<u>请不要沉迷于人情交易。交情置换的是同意交易，而不是交易的价格。</u>你不用因为有交情而保持过去的低价，可以设计赠送一些捆绑销售的友情服务包，但不需要给出低价或者降价。对个体工作者而言，控价意味着收益和利润，也意味着口碑和声誉。

一个随意降价的人，很难在市场上受到尊重。事实上，如果你在这个赛道上持续经营和提升，价码是可以跑赢通货膨胀率的。当然，每个人也会有自己的增长瓶颈。在这中间通过品牌溢价和IP之锁，你可以持续找到新的增长点。这也是定价的奥秘所在。

## 定价—服务的模式

在一些项目制的公司里，大家喜欢用每人每天或每小时的模式去定价，比如每位建筑师每天收费 3000 元，项目需要 2 位建筑师工作 10 天。我不太建议大家采用这种定价方式。我们都知道，项目制的报价机制对个体发展财富是不利的：战术性摸鱼、效率低下地磨洋工这些都不是你在创造新收入时希望看到的。你之所以想自己去做一些事情，就是为了反抗打工人的这些弱点。所以，我建议你以结果定价，用打包所提供商品和服务的一口价模式，而不是靠出卖自己的时间。

按天或小时计费还会产生一个副作用，那就是你容易吸引到压力密集型客户。按理说，验收结果，对客户的好处更大，但有的人偏偏要选择购买你的时间，你有想过这是为什么吗？一般来说，有这种付费习惯的客户比较倾向于控制你。他们对控制的需求远高于对结果的需求。这是我们不愿意看到的。

以结果定价，也容易要到一个相对高且合理的打包价格。在以结果定价的时候，可以更多地提供自己的定价逻辑，比如厘清大块的工作量和时间段内的大概安排和计划，让对方看到自己的价格是有内在价值的。这些具体的交涉看似烦琐，其实都是自主定价过程中的一部分。你之所以可以赚取更多的利润，部分原因在于排除了"中间商"。也正是由于排除了他们，你才需要自己承担更多的情绪劳动和行政事务，包括一些可能的争端和售后。

举个例子，你给对方提供一个公众号内容服务的打包价：1 个季度的服务价格是 1.2 万元。给出这个价格后，你可以继续细化，说明你在这个过程中会付出哪些努力，过程的结果控制是怎样的

（见表5、表6）。

表5 公众号发稿时间计划

| 每周更新 | 篇幅 | 交稿审核日 | 可修改轮次 |
|---|---|---|---|
| 周一 | 3000～4000字 | 上周一 | 3次 |
| 周二 | 1000～2000字 | 上周二 | 2次 |
| 周三 | 1000～2000字 | 上周三 | 2次 |
| 周四 | 3000～4000字 | 上周四 | 3次 |
| 周五 | 1000～2000字 | 上周五 | 2次 |

备注：周一、周四为周特稿，其余为正常稿。每月1日为月度特稿。

表6 公众号月度工作量

|  | 1月 | 2月 | 3月 |
|---|---|---|---|
| 公众号文章 | 20篇 | 20篇 | 20篇 |
| 选题会 | 4次 | 4次 | 4次 |
| 修改轮次 | 20～48次 | 20～48次 | 20～48次 |

这很公平，请耐心。

在聊时间的时候，有一个需要注意的点：我们只是在做一份发展财富的工作，并没有出卖自己的自由。为了达到这个目标，在沟通的过程中，请不要把自己每天时间的每一个细节安排都透露给对方。

你是自己的老板，这点至关重要。你需要做的是在每一个节点把项目需要完成的进度完成好，并及时交付和沟通，而不是找一个看作业的"爸爸"或者"妈妈"。

请收回你给别人的这个权力。

## 定价的高阶玩法

如果你的工作已经发展到一定阶段,你不再满足于按结果付费,这时你可以挑战按效果付费。这是"零活儿"中利润最高的一种,也是最有挑战性的一种。如果你对自己的实力非常有信心,可以用这种方法推动自己的利润增长。

甲方的付费标准一般是有数的。达到一个数字后,基本上这个层级的人就没有权限批复了。价格每高一点儿,责任成本会呈指数级上升,过高的付费也会带来公司内部的政治成本和风险。所以,发展财富在这个阶段需要进入 2.0 版本,你可以大胆地提出效果付费的方案,比如基础费用 + 阶梯效果付费。

例如,一家老字号食品公司研发了一款有"网红"潜质的零食,需要找达人推广和带货,有三种付费方式。

- A:千字 300 元,3000 字结果付费 900 元
- B:基础付费 400 元,阅读量超过 5000 加 200 元,超过 2 万再加 200 元,得 800 元。如果阅读量达到 10 万 +,一共付费 3000 元
- C:基础付费 400 元,销售佣金 15%,佣金收入无上限。如果一单 48 元,销量 1000 单,那最终付费 7600 元

这就是效果付费的魅力。只要你对自己的能力有信心，那么最佳方案是 C，可以让你拿到最大的利润。缺点是有风险，但高阶玩法就是"富贵险中求"。可贵的不是杜绝风险，而是你乐享这个风险，并且在这个过程中发现更多的机遇，看见不同的自己，发展出更具有定价优势的能力群，打造出独特的品牌，积累下口碑和声誉。

毕竟，最高级的合作是大家一起有福同享，有难同当，把"乙方"做成"甲方"。

# 第 17 章
## 为销售正名：从销售产品到销售自己

电影《华尔街之狼》(The Wolf of Wall Street)中由莱昂纳多·迪卡普里奥饰演的主角乔丹·贝尔福特（Jordan Belfort）给人们留下了深刻的印象。贝尔福特是一个极具个人魅力、领导能力、操控能力但道德败坏的金融业销售人员。他的销售风格充满激情，张扬且自信。他每次演讲都能激发听众的热情，使他们心甘情愿地投资他推荐的"垃圾股"。

我们对销售人员的印象大体上是各种版本的贝尔福特。这很不好，因为这种印象大大影响了我们的销售意愿和销售能力。

道理很简单：如果你觉得做好某件事情会让你显得讨人厌，那你就很难真正做好它。

让我来告诉你一个真理：销售能力是创造新收入的事业中最重要的核心技能。认为销售是低人一等的工作是世界上最大的偏见和误解之一。因为你在一生中需要一次次把自己卖出去，让别人意识到你的高价值，把自己卖个高价。

在自己的岗位上升职加薪，你需要销售自己。

做副业赚钱，你需要销售自己。

雇用员工，你需要销售布置出去的任务。

直播卖货，你需要销售货品。

想全家一起做什么活动，你需要销售想法。

教育孩子，你需要销售你觉得对的理念和行为。

……………

既然销售这么重要，如何调整对它的认知呢？直接被说服似乎很容易，那我承认它重要不就得了？

但事实并没有那么简单。嘴上同意和手上同意是两回事。为什么有人说，知道那么多道理，却过不好这一生？因为这是嘴上同意的道理，不是手上同意的道理。如果嘴上的道理都能落在手上，落在真实的行动中，你自然可以把日子过好。

回到销售这件事上，你对销售的偏见，需要放在真实的体验学习中去打破。你被"酒香不怕巷子深""是金子总会发光"一类谚语荼毒已久。你需要重新建立对"销售"两个字的印象，那么唯一的方法就是落在脚上，落在行动中，用行动去不断实践：卖、卖、卖！

## 如何提升自己的销售能力

1984 年，大卫·库伯（David Kolb）提出了经典的体验式学习理论（experiential learning theory, ELT）。这个理论认为个体的学习是一个通过经验转化的过程,见图6。

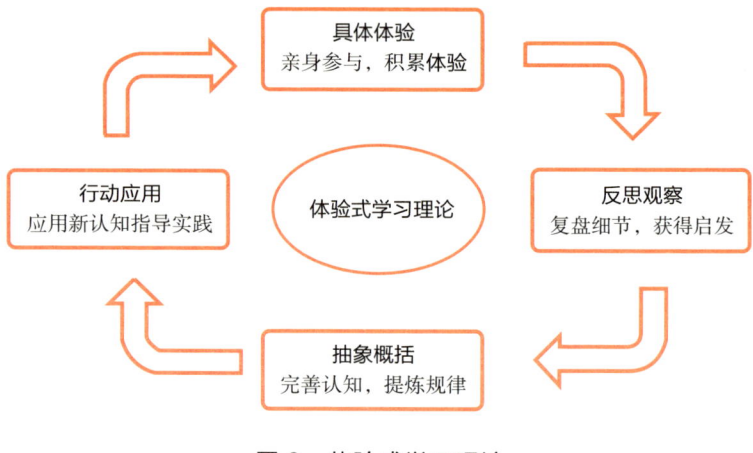

图6 体验式学习理论

具体步骤如下。

① 通过亲身参与活动或实践,直接积累第一手经验,例如动手完成一个项目或参与团队任务

② 在体验后进行反思,复盘细节,将所经历的与已有认知对比,发现其中的相同点、差异或矛盾,得到启发

③ 根据反思结果调整和完善已有认知,提炼出可应用的规律或法则

④ 把这些规律和法则应用到新一轮实践中

你首先需要告诉自己,你是个销售,然后开始销售这个动作。正如我们上面所说,销售的范畴很广,并不只属于生意人。在销售的过程中,你提炼出适合自己的方法论,随后将其投入新一轮实

践，不断迭代和修正。在体验式学习理论的循环中，你通过一轮又一轮的体验与反思，为自己对销售的无知与轻视寻求救赎。

举个似乎和销售毫不相关的例子。

你已经顺利靠面试让新公司对你表现出了浓厚的兴趣，现在已步入薪酬谈判的关键阶段。在此过程中，你期望争取到一份符合预期的薪资福利，但这需要你运用一定的技巧进行沟通，防止因要价过高而错失良机，或者因要价过低而使自己遭受委屈。

这时候，你就应该践行"我是个销售，销售是高尚的艺术"的观点。

## 第一步：清晰梳理销售的产品

你的产品究竟是什么？此次你销售的核心产品是你未来的价值，即你可为这家新公司解决哪些问题，又能带来怎样的效益。你明确的薪酬期望便是你的报价。

根据面试的具体情况以及职位要求，你会逐渐明确你可为新公司解决的痛点。想想你拥有的哪些独特的技能、经验或者资源是他们迫切需要的。回顾面试过程，想想对方最认可你的哪些方面，你的加入可带来哪些具体的、可以量化的提升，比如成本的降低、市场份额的增长、技术的突破等。

同时，深入研究该职位在目标公司所在行业、地区以及规模条件下的薪资范围。借助招聘网站、薪酬报告、同行交流或者猎头咨询等多种渠道了解该职位的薪资带宽，也就是从最低到最高的范围。评估你的经验和技能在这个市场中的定位，是处于中位、高位还是顶尖水平？

之后，明确自己的期待。基于你的价值、生活成本、职业发展期望以及市场调研的结果，设定一个你坚持不退让的清晰的目标薪资范围，确定你对总包的要求和对薪资结构的期待，包括奖金结构、股票/期权、福利、搬家费、灵活工作安排等。更重要的是，要对这些类目进行优先级排序，明确哪些对你最重要，哪些是可以协商的。

**第二步：向未来客户"卖"出你的价值**

一般来说，这一步是你在对方明确表达录用意向之后主动发起的，或是在沟通薪酬时进行的，要表现出积极、真诚的态度。表达你对公司和职位的强烈兴趣以及加入的意愿，对对方给予的机会表示感谢，重申自己的匹配度与独特价值，清晰而自信地阐述你的技能、经验和成就能如何直接应对该职位的核心挑战，如何契合这个职位的需求。

**第三步：成交和结单**

积极倾听与回应，认真听取对方给出的反馈以及还价内容，在谈判时可以更关注薪资结构，不要只盯着基础薪资这一方面。如果基础薪资没有达到预期，可以尝试去争取更高的奖金比例、更多的股票或期权、额外的休假机会、灵活的工作方式、更多的报销项目等，以此来提升总包的价值。

在口头达成一致之后，可以要求一份包含所有议定细节的正式书面录取通知，写明职位、薪资、奖金结构、福利、入职时间等。

## 第四步：跟单和交付

在约定的时间内对书面录取通知做出正式的回复。回复内容可以是接受，也可以是礼貌地协商最后的细节。谈好后，可以妥善地办理前公司的离职手续，认真地做好工作交接，维护好与前雇主之间的关系，因为如果行业圈子比较小，保护好口碑很关键。

在入职后争取"超预期交付"，积极、主动地学习公司文化、流程以及业务，全力以赴。尽快上手工作，努力达成甚至超越在面试和谈判中提及的目标和预期，用实际业绩来证明你的价值，证明公司的"购买"选择是非常明智的。这样做不仅可以巩固你当前的职位和薪酬，还可以为你未来的晋升、加薪以及在行业内的声誉打下坚实的基础。

这四步反映了库伯的体验式学习理论。你如果能将这四步完整地走下来，基本上会对销售这件事情升起敬意，之后再去践行反思、提炼和再运用。如此循环往复后，你会通过亲身实践，对销售的概念产生本质性的改观。

为什么要反复强调销售的重要性？

因为我们别无选择。一个在发展财富方面毫无天分的人对销售的看法是一个出身生意世家的人难以理解的。对销售的态度是判断一家公司或一项生意能否持续经营的重要条件。

假如你现在面临一个选择，在犹豫是否加入一个初创公司。你不知道这家公司的前景如何，也不知道该如何判断。你只需要问老板一个简单的问题。

"您怎么看待销售?"

如果对方的语气语调是柔和、幸福、展现出尊重和憧憬的,这个公司大概可以有一定的存活期。但如果对方的语气是傲慢、不屑、对其毫无计划和安排的,这个公司的气数不会持久。

大部分公司的主要职能只有两个:制造一个东西,然后把它卖出去。要想生存和发展下去,公司必须在这两方面都成功。或许在业务的某些阶段,公司哪怕销售能力一般,也可以靠着出色的产品突围,但随着时间推移,任何企业最终都会进入销售和产品同样重要、二者缺一不可的阶段。

个人也是一样。一个疏于经营和销售自己的人,在发展财富的路上大概率会困难重重。制造产品、服务、想法或理念,和把自己的东西卖出去,这二者缺一不可。

你不再能躲在什么厉害的产品和服务背后,自欺欺人地觉得自己可以继续"高尚",秉持着"研发"人员的傲慢,走一条"清高、纯粹"的道路。你需要接受一点:所有想发展财富的人本质上都是销售人员。你没有权利在业务中回避销售。除非你的产品独一无二、可替代性极低,不然你始终逃不过做一名销售的命运。

1968 年,在 3M 公司的实验室中,化学家斯宾塞·西尔弗(Spencer Silver)在开发超强力黏合剂的过程中意外发现了一种黏性较弱的黏合剂。它可以被反复粘贴和撕下,却不会在物体表面留下任何残留物。

西尔弗遇到了第一个销售困境：公司内部并不看好这个新发现，也没有兴趣和他一起研究这种新材料的应用场景。西尔弗的想法在内部卖不出去。

1974 年，西尔弗的同事、3M 公司的另一位科学家亚瑟·弗莱（Arthur Fry）在教堂唱诗班的一次排练中遇到了困扰。他需要标记歌本中的位置，但书签总会掉落。这时，他想到了西尔弗的弱黏性黏合剂。如果可以用它来制作不会掉落的书签，这会是个不错的解决方案。弗莱回到实验室开始实验，将这种黏合剂涂在小纸片上，制作了一些便笺。弗莱向公司提出了他的想法，并得到了公司的支持。他和团队开始进一步开发和改进这种便笺，并完成了产品化。市场测试在小范围内进行，但反馈结果令人失望。

弗莱遇到了第二个销售困境：消费者对这种新产品并不感兴趣，无法理解它显而易见的用处。这次，3M 冒了个险。1980 年，经过多次改良和试验，便利贴（Post-it）被正式推向市场。但如何让大家觉得这种产品有用并喜欢用它，成了一个难题。

3M 公司采取了两种并行的销售策略：一方面，他们推出了免费试用活动。他们将便利贴大量发放到办公楼、学校等机构，让人们零成本体验这种产品。另一方面，他们加大广告的投放力度，在各种媒体上展示了用便利贴标记书页、留言、组织任务等多种创新用法。这些广告在展示产品功能的同时，也让消费者通过生动有趣的场景感受到了便利贴的实际价值与使用乐趣。通过一整套销售行动，消费者开始对产品形成认同和依赖。1981 年，便利贴获得了

3M 公司内部的"金步奖"(Golden Step Award),以表彰其在销售额方面的巨大贡献。

这时,距离这种材料的发明已经过去了整整 13 年。

我是便利贴的重度爱好者。我的工作中到处都是它的影子,但我第一次接触这个产品是在 2008 年。这时,距离它的问世已经过去 28 年。

这个产品触达我这个精准用户,用了 28 年。

1898 年,一位名叫艾尔莫·里维斯(Elmo Lewis)的广告学家提出了知名的"销售漏斗"(sales funnel)模型,也叫"AIDA 模型",即"注意"(attention)、"兴趣"(interest)、"欲望"(desire)和"行动"(action)的首字母。这个模型是目前公认的有关购买决策和销售策略的经典理论模型之一。

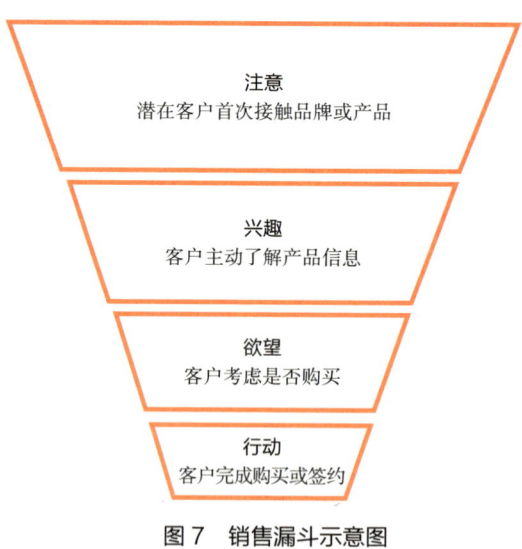

图 7　销售漏斗示意图

这个模型在初期是按时间排序的,也就是先注意,随之产生兴趣,然后想要购买,最后下单。

如果你是一个敏感的人,你会发现,如今的销售行为中很重要的一个环节在这个漏斗中没有被充分体现,那就是消费者的需求。

需求在这四步中的哪个位置呢?

里维斯的观点是,需求体现在兴趣那一步。因为有兴趣,所以我们会设想一个产品或者服务可以解决自己的什么需求,进而引发购买意愿。比如,你看到一款口香糖的广告,被它清新、怡人的外包装吸引。你会想象如果在约会前来一块,你清新的口气一定能为这次约会增添美好的回忆,于是产生了购买的冲动。

在里维斯的时代,产品种类没有如此丰富。大部分产品属于强势产品,会直接走进渠道,不是在报纸杂志、马路和电视上投放广告,就是铺在超市、商场、机场等线下渠道。产品只要存在,就会让你看见。

而在我们的时代,商品和服务千变万化、千奇百怪,大部分的产品和服务是没有渠道可言的。一个产品一生可能都没有进过任何实体的渠道。需求在这时就会颠覆传统的"销售漏斗"。它出现在购买行为的第一步:我想要什么?我想解决什么问题?

## 平价销售和150人效应

英国牛津大学的著名人类学家和演化心理学家罗宾·邓巴

（Robin Dunbar）研究了人类的社交行为和群体规模，于20世纪90年代提出了"邓巴数字"理论（Dunbar's number theory）。基于对灵长类动物的研究，通过比较大脑新皮层的大小与群体规模，邓巴得出结论：人类大脑对社会关系的承载能力是有限的，因此社会关系联结的最大合理数量约为150个，其中核心层包括亲密朋友和家人，约有5人；次核心层包括亲近的朋友和常来往的同事，约有15人；外圈层（更广泛的社交圈）内约有50人；其他的则为点头之交或有一些记忆和往来的对象。

对价格低于50元的商品或同类别商品中的平价商品，例如18.8元5包的荞麦面、29元一箱的纸巾、199元的西装上衣，销售的核心在于数量，需要依靠商品的普适性去冲破邓巴数字理论中的150人上限。对平价的商品，下单的钩子至关重要。这类商品的销售不能靠"挤眉弄眼"和"含糊其词"。它们的市场需求存在，供给几乎是无限的，你只能强调它们有功能、有价值，催促顾客快去买、买、买！

我心目中的平价商品销售之神是凯文·哈灵顿（Kevin Harrington）。他是美国著名企业家、投资人，也是"电视购物"销售模式的开创者。他是我在商学院读书时市场营销课教授的偶像。我们在那时候还不知道什么是直播带货，但我们都知道凯文·哈灵顿。

他有一个巨大的爱好：被销售。他说，大多数人都讨厌被销售，因为他们不喜欢赚钱。喜欢赚钱的人都会喜欢被销售，因为在这个过程中，好奇心可以得到充分的满足。我们可以换位思考一下,通过观察自己,迅速发现消费者、买单者喜欢和关注什么。

1982年,凯文·哈灵顿在一次贸易展览上发现了一个热情洋溢的销售员阿诺德·莫里斯(Arnold Morris),当时他正在用生动的表演推销一个名为Ginsu的刀具品牌。哈灵顿被莫里斯的热情和销售技巧吸引,提议合作通过电视直销推广商品。二人一拍即合,开始制作半小时广告,在电视台午夜至凌晨的低成本时段播出。在电视广告中,莫里斯像在展会上一样用Ginsu牌刀具切割蔬菜、肉类甚至金属罐,以展示刀具的锋利和耐用性。广告播出之后效果斐然,仅用了三年时间,这个品牌就售出了300万把刀具,创下了直销行业的奇迹。

哈灵顿创造了电视购物这种形式,并不断发现热门平价商品:烹饪用具、运动器材、音乐和家居用品。他签约了几十位销售人员负责出镜卖货,建立了一个年销售额达50亿美元的生意。

听起来是不是格外熟悉?这就是最早的带货MCN[1],诞生于40多年前。

在凯文·哈灵顿的时代,一个金牌销售需要等着他来发掘才能登上大电视的舞台。如今,一名18岁的大学生可以在宿舍里免费创建一个社交账户,发布他觉得有创意的内容,获得属于他的粉丝并建立粉丝群。他可以在任何平台找到想要销售的产品,无须被哈灵

---

1 Multi-Channel Network(多频道网络)的缩写,指聚合多个内容创作者(通常被称为"KOL",即关键意见领袖)和频道,为其提供资源、运营支持和变现渠道的新型经济模式。

顿时代的采购流程困扰。他可以轻松地收款，并应用现代物流体系将产品运送到任何一个地方……所有这些都可以在寝室里完成。

## 高价销售和 7 小时定律

对高价值商品，故事的发展则完全不同。发展高价值商品的销售对象，相当于经营核心层和次核心层的人际关系。这时需要利用邓巴数字理论中的另一个关键数字——"7 小时"定律。

**高价值物品或服务不能通过压力营销和叫卖达成订单，而要通过建立关系来创造吸引。**

在邓巴的理论中，7 小时定律最初适用于核心层内亲密关系的形成，意思是要和某个人建立深厚的情感联系，大约需要花费 7 小时。这里的 7 小时不一定是精确时间，只是为了强调互动的频次和密度对构建关系的作用。高价值销售领域的 7 小时定律，就是通过提高潜在消费者与产品或服务的接触频次和密度来建立关系、创造吸引。互动形式有面对面交谈、工作餐、电话、视频会议或即时通信等直接推介，还包括通过多场景、多渠道让消费者从视觉、听觉、触觉等多感官层面体验产品。

现代科技给我们提供了很多不需要见面的沟通方式。事实上，人的大脑对数字化图像和真人的差别并没有很强的分辨力。这也是为什么我们在得知一些公众人物去世的时候会有一种发自内心的悲伤——我们没见过他们，也没和他们面对面聊过天，只在电视或网络媒体上看到过他们的影像，但我们的悲伤却很真实。

心理学中有个名词叫"心理训练"（mental practice），或"意象训练"（imagery training）。人可以通过在脑海中反复练习某些动作来增强自己在现实中做这些动作的能力。神经科学也发现，在想象中排演这些动作时，大脑中控制这些动作的神经通路会被激活，跟在现实中做这些动作时大脑的反应非常接近。

高尔夫球历史上最伟大的球员之一杰克·尼克劳斯（Jack Nicklaus）回忆起自己的意象训练实践时说："在我挥杆击球之前，我脑海中必须先浮现出一幅清晰的击球画面，即使在练习中也是如此。就像一部彩色电影一样。首先，我会'看到'我想让球落到的位置——洁白的球稳稳地停在明亮绿色的草地上。然后，画面迅速变化——我'看到'球飞向那里，'看到'它的路径、轨迹和形状，甚至它落地后的表现。接着，画面逐渐淡出——下一幕，我就在现实中做出挥杆的动作，我会精准地把脑海中的画面变为现实。"

我们通过各种形式和渠道，让产品或服务在对方的内心和日常生活中形成图像记忆，让对方在生活中尽可能积累对产品或服务的体验，以此来深化用户对产品、服务及品牌的情感认同与信任。

这也是为什么这个时代的销售和 IP 是绑定的。在你建立 IP 的过程中，所有的视频、直播以及线下分享都构建了对方心中的"7 小时"，这让你的销售，甚至是大客户销售，都变得更有效率。

**这是这个时代金牌销售的全新逻辑。**

微观经济学的入门课程告诉我们，供给和需求决定了利润。在全新的时代,需要提醒大家的是,需求是主观的,不是客观的。消费者觉得有需求、觉得需求迫切,才是核心。

创业者丹尼尔·普里斯特利(Daniel Priestley)在一次访谈中提到,自己在销售一个高价课程时是这样塑造消费者的需求认知的。

他给自己所有社交媒体平台的用户发了一封邀请函,告知大家他要举办一个收费 1 万美元的工作坊,名额只有 100 人。想拥有报名资格的人需要加入一个在线群组。

结果,这个群组拥入了 34500 人。

实际上有多少人想花 1 万美元买这张门票并不重要,重要的是大家看到了他人的需求,也强化了自己的需求的迫切性。放票之后,不到 20 分钟,100 个席位销售一空。

他把这个过程叫作"超额预订"。

这在销售方向上给了我们一个重要的启示:**你不仅要销售产品,还要销售客户对产品的兴趣和信号。你需要超额预订。因为在这样的供需环境里,你们的关系显而易见:客户更需要你,他们被你释放的信号深深吸引。**

比如,你的销售目标是将价值 1 万元的商品卖给 30 个人。与其找到这 30 个人,向每个人付出 7 小时,不如找到对这个商品感兴趣的 300 个人,让他们彼此竞争。

要想获取这 300 人,可以采用关系营销领域的经典范式——举办周期性活动。例如,每周举办线下免费午餐会或小型沙龙,每次开放 30～50 个席位,每周重复一样的内容,去触达潜在人群。我们常常看到家附近的健身房会定期开办一些体验课程，开放 50 个左右的用户免费参与名额，这就是典型的获取潜在客户的营销手段。

如果你没有条件开展线下活动，也可以通过线上渠道有效地吸引潜在客户。例如，可以邀请用户加入你的社群，设置一些奖励机制引导他们积极互动，或者设计一个简单的问题发布在自媒体上（如"你最关心的健身难题是什么"），开启主题聊天室或直播，引导用户参与讨论。

**真实需求和潜在需求的竞争，比真实供给之间的竞争更有效率。**

2019 年 11 月，特斯拉在当年的汽车发布会上首次展示了 Cybertruck，一款电动皮卡车。马斯克宣布，公司计划于 2021 年开始生产这款新型汽车，并立即开启了预订通道。消费者可以通过支付 100 美元订金来预订这款车。在预订之后，特斯拉会继续与购车者保持联系，提供车辆配置、生产进度和预计交付时间等最新信息。

2021 年，特斯拉对外宣布，Cybertruck 的累计预订量已经接近 100 万辆。2023 年，特斯拉举行了首批车的交付仪式。

在预订到交付之间的时间，就是在销售对产品的兴趣和信号。

**高价商品需要获得超过实际产能的兴趣，需要超额预订，这就是产品的第一批势能。**

与之类似，苹果论坛上的"果粉"解释了自己为什么会在寒风里为了最新的产品排队："每年苹果发布新产品的时候，我都会提前几天去排队，因为这不仅是买到最新科技产品的机会，更是体验苹果文化的方式。即使在寒冷的夜晚露营也值得。我已经习惯了这种等待的方式,每次看到那台全新的设备,我所有的疲惫和焦急都瞬间消失了。苹果的产品发布是一种仪式,我乐于成为其中的一部分。"

而另一些"滞后"的消费者是这样表达的:"我并不是第一批冲去排队购买新款 iPhone 的人。最初,我以为可以等到出了更新的款式再买老款式,这样可以优惠一些。然而,随着几周变成几个月,我的好奇心越来越强烈。我不断浏览评测,观看开箱视频,听朋友们赞不绝口地谈论新功能的神奇。每当有人提到 iPhone,我就会更想要它一些。等待的时间越长,我就越觉得自己错过了什么特别的东西。在这个过程中,我越来越确定自己是要拥有一部 iPhone 的。最终,在期待累积到一定程度之后,我决定不再拖延了。"

这个时期,同样是兴趣在发酵,品牌卖的不仅是产品,也是人们对产品的兴趣。在这段间隔里,潜在的消费者会刷论坛、看评测、听 KOL 的意见,在商场购物的时候不由自主地走向体验店,在店里反复触摸产品。过程中,人们会毫无压力地慢慢消化自己的兴趣,建立对产品的熟悉感和与产品的关系,最终引向购买。

这就是自动化的"7 小时"。

未来的世界是全员销售的世界。

**无论你是谁,是春风得意、正在失业还是将要破产,请开始学习做个销售。一个公司最大的资产就是金牌销售。希望这个金牌销售是你自己。**

上面说到的是销售思维和意识,而在日常咨询中,一些不知道做些什么的朋友来问职场建议的时候,我会谨慎又积极地推荐销售这个具体岗位,作为一种职业赛道。虽然这种建议招来了不少争议,例如销售不适合女孩、不适合社恐、不适合老实人等论调,但是我依然建议专业前景不明、学历背景普通的朋友选择北上广深杭等特大城市去做销售。

在我看来,销售岗位需要几个前置条件。

- 对金钱的野心大
- 正心正念
- 能吃苦
- 手勤脑勤

具备这几个条件的朋友如果有意做销售,不必受社会刻板印象束缚。比如我就是个"I人"[1],可能没那么擅长在线下去东跑西颠,但感激互联网,I人在线上对着屏幕直播带货、开课的时候,我是自洽的,宛如在心灵家园般自如。

在当今这个时代,一个产品销售甚至可以有自己的粉丝,更厉害的情况下还能带着粉丝走。这也是为什么一些上亿身家的老板自己勤勤恳恳、不怕劳累地直播卖自家产品,毕竟真正好的销售,给再多钱也留不住啊。

---

[1] 源自MBTI人格测试的网络流行词,代表内向型(Introversion)性格特质。——编者注

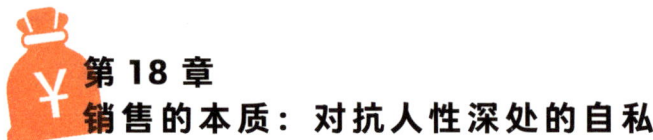
## 第 18 章
## 销售的本质：对抗人性深处的自私

最无私的行为可以在一件最自私的任务里找到，这个任务就是销售。

销售之所以让有的人觉得头疼，原因除了面子因素，就是它那行动之后变幻莫测的回报周期和绵延不绝的长尾效应。

为了塑造奢侈品牌的形象，劳力士自 20 世纪中叶起开始在高端生活方式杂志、报纸上和各种时尚场合投放广告。劳力士和它的广告制造了很多具有时代烙印的话题：肖恩·康纳利在 1962 年的电影《007 之诺博士》(*Dr. No*) 中佩戴了一款劳力士潜航者型 6538；20 世纪 70 年代，劳力士制作了一系列以"如果你是 ×××，明天，你会戴上劳力士"为文案的广告，其中一幅广告画面上方是一群正在扑灭油井大火的消防员，下方是 Day-Date 日历系列全金手表。

20 世纪 60 年代到 80 年代，劳力士已经出现在各种专业人士的手腕上：一位登山者在前往瑞士阿尔卑斯山的马特洪峰顶的途中，手腕上戴着劳力士探险家系列；作为驾驶小型飞机飞越北极的第一人,希拉·斯科特(Sheila Scott)打破 100 多项航空纪录时,手腕上戴着劳力士格林尼治型;传奇吉他手埃里克·克莱普顿(Eric Clapton)在音乐会上进行吉他表演时,手腕上戴着劳力士蚝式系列;法国前职业滑雪运动员让-克劳德·基利(Jean-Claude Killy)手握手杖滑雪时,手腕上戴着劳力士探险家系列二代;一级方程式赛车冠军杰基·斯图尔特(Jackie Stewart)和妻子希尔达(Hilda)对着彼此微笑时,手腕上戴着同款劳力士日历系列。

从理论上讲,做广告是为了品牌和销售。但在 2000 年之后,劳力士调整了自己的产能策略,一些热门型号根本供不应求,这种情况至今也没有得到缓解。在北京,走进任何一家劳力士门店,你会发现大部分款式是没有现货的,你会被告知可能需要等一年或者更久,但是等多久也不保证有货。

在这种情况下,如果我们套用简单的利润公式,最理智的商业决策是终止这些每年上亿的广告预算,但他们并没有这样做。

和一百年前一样,你依然可以在时尚杂志、报纸、新媒体、社交媒体、顶级体育赛事赞助、著名的艺术展览和文化活动、名人和行业领袖合作的活动上看到劳力士的身影。

## 二级市场的迷思

劳力士是"人傻钱多"吗?

当然不是。表面看,供给小于需求,因此不需要用大额广告费来支撑这个市场,但实际上,真正的博弈不在一级市场,而在二级市场。只要你是任何一种稀缺性质事物的收藏爱好者,你会很容易理解这其中的奥秘。无论是限量盲盒、球鞋、衣服还是娃娃,限量商品真正的繁荣地点永远在二手交易市场:竞价平台、收藏品交易会、社群俱乐部等。

商品的销售和定价不仅仅由一级市场决定,很大的支撑力量来自二级市场。

如今,你走进任何一家门店时都带不走一块热门款式的劳力士,但你可以在二级市场轻松地买到全新、正品、带膜、保卡盒子齐全的劳力士,需要做的是付出代价——30%～100%的溢价。

你可能会好奇,为什么劳力士不自己直接赚这份溢价的钱,而要将需求推向二级市场?这不是舍近求远吗?

其实这是一种精心设计的商业策略。一级市场"一表难求",而二级市场卖家拥有特殊的渠道和资源,可以批量采购热门款式,之后加价卖给普通散客。这就进一步抬高了商品的价格,也让消费者从心理上认为商品更加稀缺,其购买欲望也就更加强烈。甚至因为保值,劳力士还在某个时期成为投资客们的热门选择。

**劳力士的广告投资看上去像一种无私的巨额奉献,但其实背后藏着很大的自私。这就是奢侈品牌的商业策略,这就是销售。**

有趣的是,好的个人销售,同样是最无私的自私者。

我见过很多金牌销售眼里闪着小星星,得意地向我展示他们在公司里的"高档"落地窗工位、大大的奖杯和新提的跑车,但这些朋友做起事情来，几乎是滴水不漏地无私。我甚至会有一瞬间觉得，他们是世界上最温暖、最良善的存在之一。

这些行为和他们面对的残酷的业绩压力似乎并不匹配。

我去过一家公司的销冠分享会。一位当年的销售冠军分享了自己的经验：

我觉得自己做得最好的点可能不是让人们买东西，而是做需求和供给的"红娘"。

对信息不足的意向客户，我是一个老师，负责教他们认识我们的产品；对消费欲望过度旺盛的客户，我又是一个劝退师，负责让他们头脑降温，搞清楚自己的需求。

我会给客户推荐更能满足他们需求的其他产品，把他们从不适合的商品面前推走。这几乎是反人性的。在我刚入行的时候，我的师父这样教导我："好的销售，最后的敌人是心底的自私。"

我当时觉得这句话好荒谬。我从"985"大学毕业，之所以愿意做销售，就是因为我自私，我想赚钱。

然而经过一年多的磋磨，我作为好学生的目标管理法被磨平了。我开始对这句话深信不疑。

1954年，美国管理学家彼得·德鲁克提出了影响几代人工作的"目标管理法"（management by objectives, MBO）。这个方法提出了一个奋斗闭环：设置目标—制订行动计划—定期评估计划完成情况—调整目标或者制订新的目标。

这是我们经历过高考求学,一路走来,进入择业、就业、发展财富赛道的乖学生熟悉的路径。它并不过时,甚至适合大部分岗位的工作。

但就是这种适配性很高的工作方法,几乎是我接触过的所有金牌销售在成长过程中"刮骨疗毒"的那个"毒"。

想要销售额成长是一个很明确的目标,那么关键的计划应该是什么呢?

乖学生路径会自然走向"推销",因为这个行为和销售额的关系看起来最明确,最能达到目标。

但事实上,好的销售是心里放着他人的太极拳选手:不管你现在买不买,我都最关心你;不管被推手推到多远,你都会回来。

美国品牌战略专家、畅销书作者马蒂·诺伊迈尔(Marty Neumeier)说过一句很经典的话:"我们不喜欢被卖东西,但我们喜欢买东西(We don't want to be sold things, but we love to buy)。"

**你不卖,但他们会买。如果你把他们放在心里,就要给出他们喜欢的。**

这就是销售的秘诀:把最自私的目标,放在最无私的行为里。

你的行为不能有任何与目标相关的导向。你全心全意想为对方好,事实上也这么做了。

这些,对方都可以感受到。

整个势能,通过"给出去"的行为传递出去,之后会流回来。

## 销售是对权力的角逐

"西班牙开局"(Ruy Lopez)是国际象棋界最古老、最著名的开局之一,以16世纪西班牙牧师鲁伊·洛佩斯·德塞古拉(Ruy López de Segura)之名命名。这种开局方法非常容易控制"中心"[1],同时四周棋路畅通,进可攻、退可守,可以根据对手的策略灵活调整,收放自如。

好的销售也要打出一个"西班牙开局":不卑不亢,给的出去,也收的回来。尊重给到对方,主动权留给自己。

这样做还能规避乖学生常犯的另一个错误:因为付出太多,而让对方陷于不义的困境和假设的高风险中。

销售是对权力的角逐,我们可以让渡权力给对方,但不能让对方觉得我们毫无力量,否则,你就是在暗示对方,选择你有很大的决策风险,是不对的。同时,如果我们展现出了一种超越职业的脆弱,对方会倾向于"照顾"我们的自尊,会延迟说"不"的时间点,那么你就是其中最大的受害者。

回到本质,要记住:你的商业时间是有价格的,不管是你自己还是雇主承担,都是真金白银的投入。这并不是你个人道德的表演,而是你为了后续可能的回报去做的努力。

---

[1] 在国际象棋的棋盘中,最中间的四个格子(d4、e4、d5、e5)被称为"中心格",简称"中心"。这个区域是战场上的制高点,是双方争夺的焦点。

纵观销售的历史，买卖双方的角力点就在此。

价格是客户唯一能看到的确定的东西。在没有使用物品或者服务的时候，他们很难百分百确定物品、创意或服务的质量。这会让他们过度依赖价格，要求试用或者交付一些免费的方案来安抚自己的不安，甚至觉得这些方案的详细程度代表了你的水准乃至对他们的尊重。

我们来看一个朋友的故事。

小L是一名从业10年的家装设计师。她的设计理念强调个性化和定制化，吸引了不少中高端客户，客源一直很稳定。然而，近期她发现了一个令她懊恼的现象。她的同行小J，一位新晋设计师，开始大肆地一比一模仿她的工作。他不仅抄袭了她的设计方案框架，还复制了她的网站内容和社交媒体上的介绍，甚至连她的品牌风格都毫无保留地挪用了。

更恼人的是，小J的报价比小L的低了一半，而业务范围与她的几乎重合。小L最近将业务从大连拓展到了自己的老家营口，小J紧随其后，迅速进入了同样的市场。

小L感到委屈和愤怒。她的业务受到威胁，收入也断崖式下降。我们在一次朋友聚会的时候遇到，她对我们说，感觉像有一只苍蝇追着自己一样。客户只会来询价，之后都不了了之。因为她的价格比小J的高一倍，而他们的过往方案展示几乎一模一样。她开始担心，自己是否应当继续坚持原有的商业模式，甚至怀疑自己的报价是不是过高,已经不合现在市场的口味了。

她求我们给她出主意。各种类型的建议都有,有建议吓唬对方的,有建议举报的……

我给她出了个主意:选择她做过的有代表性的项目拍成视频,由她本人站在里面实地介绍一遍,充分向客户展示她的服务和品质,让客户明白她的优势在哪里。再有客户来询价时,就对客户打开天窗说亮话:"我在这个行业是收费比较高的设计师,如果您比较在意价格,我可以给您一个网址和电话,这个人一直在抄袭我的内容,价格是我的一半,您可以和他聊聊再做选择。但如果您更在意服务和品质,您也看到我在视频中的讲解了,我的报价物有所值。我觉得您会回来的,我等着您。"

几个月后,我们又聚在一起。

小 L 这次的状态很好。她按照我说的,开始给小 J "介绍业务"了。这些问询的客户中有一半会回来找她,她的生意比小 J 出现之前还要好。

小 L 说:"我原来以为他们是被价格劝退的,现在觉得可能和我当时那种紧绷的状态也有关系。你把自私自利写在脸上,疯狂护着自己的盘子,瞪着恐惧的眼睛,越是恐惧,越害怕自己的利益被吞噬,越想把利益说在前面,别人就越能感觉到你并不相信自己,那么他们也就越难相信你。"

还记得我们在上一章讲到的超额预订和邓巴的"7 小时"吗?

小 L 的这种"无私的自私",给了客户一种市场透明的感觉。她知晓其他竞争者的情况以及自己的优势,但把选择权给了客户,让客户感受到她的服务在市场上有充分的需求,不缺生意。她表现得很稳定、很自信。

看到这里,请你继续思考:价格对小 L 是不可撼动的吗?

在第二次聚会上,我们聊到了另一种定价方式,就是前面讲到的 IP 之锁。

小 L 可以邀请客户配合她把家装设计案例制作成自己的宣传素材,比如允许小 L 在装修好的家中介绍设计理念、展示设计成果,在可公开范围内提供自己的家庭信息、年龄、职业、兴趣爱好等来增强案例的故事性和可信度,以及配合小 L 完成视频的拍摄并授权她发布在自己的自媒体账号上。作为回报,小 L 会为该客户减免一半的设计费用。这样做相当于把客户转化为自己的供应商,变相提供了价格优惠。而且客户看到小 L 有底气把这个项目合作公开透明化,自然也会对交付成果的质量更有信心。

这样一来,不管对方采不采纳这个建议,他们都会更心甘情愿地按照小 L 指定的价格付费。小 L 实现了自己的"邓巴 7 小时"。

# 第 19 章
## 奈特不确定性：不依赖数据的决策智慧

让我说服你爱上不确定性吧。

这么说是不是很奇怪？好像我要说服你爱上火坑、爱上风险似的。

但可惜的是，从古至今，商机和财富都存在于风险和不确定性中。

我想说服的是想花力气做事又厌恶不确定性的人。

我们人类的祖先智人，在距今大约 7 万到 3 万年之间经历过一次脱胎换骨。他们从非洲出击，打败了当时的竞品尼安德特人和其他小规模人类物种，发明了复杂的语言、精妙的艺术、精细的工具和精巧的社会结构。可以确定的是，这期间发生了革命性的认知升级，但科学家们无论如何努力，都没有找到提供这个认知升级信息的"黑盒子"。

中间到底发生了什么？目前我们只能用模棱两可的基因突变和一些看似无关紧要的因素来解释。

与之类似，一说到如何赚到钱，我们就很容易对已经在这方面颇有建树的人产生崇拜。但展开商业历史的长河和这一个个人名背后的人生，我们会发现，他们从有钱到很有钱之间的那个过渡期里也总是有一段说不清、道不明的模糊地带。

1921年，美国经济学家弗兰克·奈特（Frank Knight）在他的经典著作《风险、不确定性与利润》（*Risk, Uncertainty and Profit*）中，从理论上解释了风险和不确定性之间的区别。风险是可以通过已知的概率分布衡量的，例如，掷骰子或保险中的风险是可以通过历史数据和概率计算来预测的。而不确定性是无法通过概率来量化的，没有任何历史数据或统计方法可以用来预测结果。当这种"不能被衡量"的情况发生时，经济学家们称之为"奈特不确定性"（Knightian uncertainty）。

奈特揭示了一个简单却容易被忽视的事实——<u>风险和不确定性是两种完全不同的概念。他认为："正是这种真正的不确定性，而不是风险，构成了经济利润的基础。"</u>

读到这里，你可以思考一下，自己更害怕的是高风险还是高不确定性。比如有一件事，你更害怕的是失败的可能性有60%，还是失败的可能性不确定？

美国经济学家丹尼尔·埃尔斯伯格（Daniel Ellsberg）在1961年设计了一个著名的实验，用来展示人们在面对风险和不确定性时的决策行为。实验中有两个盒子：盒子A里有30个红球和60个黄球；盒子B里有90个球，但红球和黄球的比例未知。

参与者只有一次机会，可以从其中一个盒子中抽取一个球。如果抽到红球,他们就会赢取奖励。

大多数人选择了概率已知的盒子 A(失败的概率是 66.67%),而不是概率未知的盒子 B。埃尔斯伯格的小球实验指出,人们在高风险和高不确定性中倾向于选择高风险。这一现象被称为"模糊厌恶",它进一步揭示了传统经济学中关于理性决策假设的局限性。

埃尔斯伯格强调,高风险和高不确定性在统计层面对个体的影响差异不大。<u>我们应该关注自己的决策趋势,警惕对高风险的偏好,尽量选择高不确定性,因为在同样的失败概率下,高不确定性的收益会更大。</u>

<u>事实上,不确定性和创新才是孪生姐妹,而有效的创新是高收益的基石。</u>

史蒂夫·乔布斯就偏爱不确定性。

1985 年,乔布斯被他自己创立的苹果公司解雇。他并没有选择就此沉默或失去动力,而是以 1000 万美元从卢卡斯影业(Lucasfilm)手中买下了其电脑动画部门,成立了独立公司皮克斯动画工作室,开始闯荡充满未知的 CGI 动画市场。彼时,计算机动画技术还处于萌芽阶段,市场接受度也无任何数据可参考,充满了不确定性。

这条动画之路起初走得并不顺利。《锡兵》(*Tin Toy*)、《红色的梦》(*Red's Dream*)等短片虽然获了奖,但少有盈利。在制作动画长片《玩具总动员》(*Toy Story*)的过程中,乔布斯更是面临了前所未有的挑战。这部影片制作周期漫长、成本昂贵,不仅遭遇了技术难题和创意上的分歧，还经历了与迪士尼艰难的合同谈判。当动画接近完成时，迪士尼甚至考虑取消合作。

乔布斯在巨大的不确定性中坚定地相信自己的愿景和直觉，相信皮克斯团队，并持续投入资源。正如他 2005 年在斯坦福大学的演讲中说的："你必须相信某种东西——你的直觉、命运、人生、因果或者任何东西……皮克斯后来创作了全球首部计算机动画长片《玩具总动员》，如今已成为世界上最成功的动画工作室。"

1995 年，《玩具总动员》上映仅一周后，乔布斯就将皮克斯上市，并将原定 14 美元的发行价大幅提高到 22 美元。这部影片还被提名了奥斯卡奖。这次成功的合作是乔布斯在高不确定性中展露出决策智慧的例证。

后来的故事大家都知道了。在这次站稳脚跟后，皮克斯一次次大放异彩，成为动画电影的领军企业，为乔布斯重返苹果奠定了基础。[1]

纳瓦尔曾说："我认为在这个行业中最难的是，新公司总是看起来非常奇怪。"这里的"奇怪"指的其实就是一种不确定性。风险投资人的能力就在于，即使是面对看不懂的项目，他们也愿意凭直觉和理智做出一个自己可能都说不清的"判断"，然后去放手一试。例如，在微软出现之前，大家认为硬件比软件更赚钱。在苹果和其他公司出现之前，大家认为 B 端市场上的大型主机比 C 端消费者市场上的设备更有利可图。在优步出现之前，人们认为赚钱的

---

[1] 沃尔特·艾萨克森：《史蒂夫·乔布斯传》，赵灿译，中信出版社，2023。

机会在虚拟世界中,不在对现实世界问题的处理中。

投资者更可贵的品质是,即使在某个领域内投资失败了,也不放弃,而是坚持做下去。例如,红杉资本(Sequoia Capital)是世界上顶尖的投资公司之一,但20世纪90年代末失败的杂货配送服务Webvan也是红杉的作品。因为这个项目,红杉资本损失了大量资金,颜面尽失,但他们还是继续相信、继续投资,因为根本不存在一切尽在掌握的完美生意。

说到这里,你可能会问,我是一个普通人,不是乔布斯也没想成为他,也做不了投资人,奈特不确定性对我而言意味着什么呢?

## 奈特不确定性对普通人的意义

我觉得,这意味着普通人就是要做个"疯子",活得癫一点。这是我近些年近距离观察周围人得来的感悟。能超越自己的框架成事的人的一种很重要的风格是:看起来很正常,很理智,但近距离观察后能看出,他们做的一些脱离日常轨道、比较大的人生决定,都挺"疯"的。

有一次,一位热情的钟点工阿姨和我聊天,给我讲了她的故事。10年前,她女儿上初中需要住校,花费大,而儿子还小,家里紧张得不行。她丈夫跑大车也没赚到钱,出车祸还赔了一笔,愁得她茶饭不思。她看到电视的财经频道讲到大城市的保姆经济,觉得那些活自己也能干,何况自己在村子里也是有名的"利索人",于是就借了 1000 块钱奔赴北京打工了。当时，她的婆家人一哭二闹三上吊，甚至泼脏水说她在外面有人了，她也不管。她只有一个目标：赚些钱给孩子，不然女儿高中都读不下来。

我问她，当时不觉得会上当受骗吗？她说没办法，她想赚钱，在家里待着是不会有钱的，还会被婆婆看不起。"来了再说，我也不傻。别人行，我肯定也能行。"后来的故事就是，她一直在做钟点工，做得也挺好，已经成为平台的星级阿姨，女儿研究生毕业后也留在北京工作了。她说起自己的工作和收入，很骄傲。"我一般不接这种临时活儿的，是今天我的长约单放假，我闲得没事才接了您这单。您别瞧我没上过学，我现在和女儿赚得差不多哦，不过她坐办公室，她有出息，以后会更好的……"

当信息不充分时把握住大体方向，然后一口气冲上去，这其实就是在拥抱奈特不确定性。

你可能又会说，做家政的风险算什么风险呢？这种肯定会成的啊，市场这么成熟。我去干我也行。

你还真别说，这就是人与人的差别。对她来说属于奈特不确定性的"疯子"决定，放在另一个人身上可能就是低风险选择。

你可能又会问，那就对了呗，我们知识型都市白领的优点就是信息充分！所以我们不需要爱上不确定性，只需要通过补足信息把它变成确定的低风险选择就行。

好，问题来了。这其实是发展财富过程中的一个重要的纠结点：如果两个盒子分别代表信息充分情况下的低风险低收益和高不确定性高收益，你会如何选呢？

我们假设一个情境：一个人想在自媒体方向发展副业。大概有这样两种盒子。

- 盒子 A：兼职剪辑，每个 6 分钟视频收费 100 元，一年内每月收入 1000 元的概率为 70%
- 盒子 B：做自媒体，一年内每月收入 1000 元的概率未知，从颗粒无收到无上限都有可能

你会选哪个？

根据我的观察，大部分人会继续观望。

"A 太累，何必去做呢？我也不差那仨瓜俩枣。"

"B？很难做吧，不知道行不行，再看看。"

看什么？

在期待通过观望等来一些信息，把 B 变成像 A 一样确定的低风险选择，同时，维持它的高收益。

这就是关键！

高风险选择中的信息，只有通过亲临高风险情境才能得到。处在原有的环境里，几乎是永远等不来的。

钟点工阿姨在农村老家等不来关于在城市里做保洁的信息，零星的乡亲们打工的传言也并不能完全转化为有效的信念。而你，自觉先进的都市白领，也同样无法在工位上、在一直观望盒子 B 的过程中得来任何有效的信息和信念。

我们站在门外，踮着脚尖，翘首以盼上天的奇迹，但事实上，进入门内，会是另一番场景。

低风险意味着收益不高，高不确定性意味着未来不明朗，观望意味着一切为零。

不明朗还是零，你选哪个？

都不想选？

好，我给你一个答案，如果你是低风险偏好者，又有些想法和野心，我建议你试试盒子 A，还记得第 6 章提出的"不需要好的开始"吗？你可以检验一下这样做的妙处。

打开盒子 A，开始！

随着剪辑工作的展开，你会积累自己的用户，事实上，能积累两三个腰部及以下量级的博主，你就可以完成这个目标。你只要做好一两个视频，就会有人找来或被熟人推荐来。这时候，红球的数目就会增加。

同时，你会发现看似"没什么技术含量"、定价透明的剪辑赛道，溢价空间是很宽广的。技术含量在哪里呢？你做下去就会发现一些门道。特效、花字这类只占定价的一成，如果一个人沉下心去拆解、研究一些流量大的视频，学习一下挑选内容，进行二次创作，这样一个视频的剪辑费用就可以从 50～200 元增长到 1500～2000 元。一旦突破，一个看似没多少红球的普通盒子里的红球就会多到溢出来。到时候就会有更多的选择。当你熟悉了背后的工作逻辑，你就补充了 B 的信息，那么 B 的不确定性会降低，你进可以尝试做 B，退可以继续做高阶剪辑创作。

有一点还要啰唆一下。你做好 A 以后，B 只是不确定性降低了，但它依然是高不确定性的选项，这点没有变。不去入局 B，是不会见到 B 的天地的。

演员、作家和导演伊桑·霍克（Ethan Hawke）在一次 TED 演讲中有一个很动人的表述："我认为我的工作就是冒看起来很傻的风险。我从共事过的演员身上学到的一件事就是，你不会不劳而获。如果你不冒看起来很傻的风险，你就永远做不成什么特别的事。"

如果你是像我一样的"疯子"，那么你宁可要不确定性，也不要零。如果你也喜欢上面这段话，可以试试 B，去充分地"疯"一把。拥抱奈特不确定性，去承担或好或坏的结果。

打开盒子 B，开始！

随着自媒体内容的创作与发布，你将不再是想象，而是去体验这件事。从选题、文案、录制到标题、封面、标签、发布，每个环节都充满了不确定性。从视频剪辑、图文编辑到对人货场三要素的选择，每个单体技能的维度都可以从 1 拉到 10000。虽然都是"会做"，但背后的意涵是不同的。

你会认识自己的受众，从他们积极或消极的评论中了解他们，从数据中体验什么叫"内容创作"，在做事的过程中结识这个行业的"同事"及了解行业的竞合博弈、规则和潜规则。你会发现这件事的随机性和一些可能的逻辑，会拷问自己的内心和初衷。你可能在大海捞针的过程中收获寥寥，也可能迎来一波流量的宠爱，抓住机会，满载而归，之后继续体验高低起伏；你也将体会到真上车之后的交通不顺，而那是你走路时永远不会理解的。

★ ★ ★

希望你在看过这章后对"皇帝的新盒"祛魅——风险又低、收益又高的选择是不会从天而降的，想要预测到"一定"的高回报率，本身就是一种幻觉。这也是一些年轻的朋友在混迹互联网之后最大的执念。

我们被那句"选择大于努力"洗脑了许久。各路人士分享的所谓选择，不过是在各种不确定性下"赌"对的一条路——拥抱不确定性在先，得到丰厚的结果在后。

"选择大于努力"的重点不在于那个选项，而在于不畏惧不确定性地做出了选择。不管选择 A 还是 B，都要亲身去做，去体验。

狂热的乐观和悲观总是争着占据人们贪婪的大脑。历史上最聪明的头脑也没有预测到任何一次泡沫和危机，更没有产生什么共识。

正如德鲁克的名言所说："你无法预测未来，但你可以创造未来。"[1]

---

[1] 威廉·A. 科恩：《德鲁克论领导力》，黄京霞等译，机械工业出版社，2011。

## 第 20 章
## 可贵的失败和伟大：一次对自己祛魅的过程

在我们的教育生涯中，我们花费了大量时间来学习如何成功和向前冲，但真正推动财富增长的关键是有效失败和犯错。失败与错误会带给我们一组独特的知识与能力，而这些正是财富增长的源泉。

摩根·豪泽尔（Morgan Housel）是知名投资人、合作基金（Collaborative Fund）的合伙人以及畅销书作家。2023 年，我还给他的新书《金钱心理学》（*The Psychology of Money*）的中文版写过推荐语。豪泽尔讲过一个趣事。他在合作基金任职期间，工作内容包括和试图获得融资的创业者见面。他说那段时间他的自我感觉非常好：他讲的每一个笑话都显得那么有趣，逗得创业者们前仰后合；他的每一个见解都显得那么有智慧，引得他们频频点头。起初他觉得自己牛爆了，但一段时间以后，他回过味来，想起一个富豪的儿子想踢足球的故事。富豪吩咐仆人们陪儿子玩，于是富豪的儿子在球场所向披靡，所有人都给他鼓掌。他像一个足球天才，一场进了十几个球。

豪泽尔说，一个人如果能意识到自己的笑话没有那么好笑，是很幸运的。就像富豪的儿子也应该尽快知道，他能在球场上所向披靡，不是因为他的球技好，而是因为场上其他人的工作就是让他赢。失败就像苹果手机的前置摄像头，能让我们看清"真实"的自己，对自己祛魅。我们唯有直面失败，才能掌握通往成功的智慧。

有多少人第一次创业就能成功呢？这个数量远比你想象中低。

据统计，在美国，新创公司存活 10 年的比例为 4%。在创立 1 年内，就有 40% 的公司会破产。5 年以内有 80% 会破产，而活下来的 20% 在第二个 5 年中又有 80% 会破产。《中国中小企业人力资源管理白皮书》调查显示：小微企业存活 5 年以上的比例不到 7%，10 年以上的不到 2%。中国民营企业平均寿命仅为 2.5 年。每一天都有 1.2 万家企业倒闭，每一分钟都有近 10 家企业关门。[1]

英国具有传奇色彩的亿万富翁、维珍集团创始人理查德·布兰森在《维珍创始人亲笔自传》(*Losing My Virginity*) 中讲述了他 16 岁之前两次创业失败的故事。

有一年，在复活节假期中，我决心学着母亲的样子去挣点钱。虽然学校对我的数学能力缺乏信心，但这吓不倒我，我发现了种圣

---

[1] CHINA HRKEY，《中国中小企业人力资源管理白皮书》，美通社，https://www.prnasia.com/lightnews/lightnews-1-77-5340.shtml。

诞树的商机。

我们将在坦亚兹农场的土地上种植400棵圣诞树。到明年圣诞节的时候，它们至少能长到4英尺（1.2192米）高，然后我们就可以卖掉它们。

那年复活节，我们将坦亚兹农场上的那块地收拾得平平整整，种下了400棵树苗。根据我们的计算，如果它们全都长到6英尺（1.83米）高，我们每棵树就卖2英镑，那么400棵树总计800英镑。我们买树苗只花了5英镑，与投资相比，这可是大赚了一笔。那年暑假，我们去查看那些树的长势，发现地里只有一两棵孱弱的树苗，其余的全被野兔吃了。

就此，第一次"创业"宣告失败。他并不死心，又发现了新商机：养虎皮鹦鹉去卖。

我在心里思索着，首先，我一年到头都可以卖鹦鹉，无须等到圣诞节前两个星期。我列出它们的价格，又算了算它们的繁殖速度有多快、饲料成本有多低，然后说服爸爸建一个巨大的鸟舍。

只是，我显然高估了当地对鹦鹉的需求量。即使夏姆里格林村每人购买至少两只鹦鹉，我们仍然剩下满满一笼子。有一天，我在学校收到了母亲的一封信，她告诉我一个坏消息：有些老鼠钻进鸟笼子，把鹦鹉吃掉了。

两次发展财富计划的失败没有让他赚到钱，但让他意识到商业中不可控因素和成本管理的重要性，为他后来的成功奠定了重要基础。

我们再来看看创造新收入产业链的上游。对那些看似"上位者"的投资人来说，判断错误也是常事。创投机构贝赛默（Bessemer Venture Partners, BVP）是历史最悠久的风险投资公司之一，以投资早期和成长阶段的技术公司闻名，并在多个行业（包括软件、互联网、硬件和金融科技）取得了成功。

贝赛默创立了一个独特的"没投资组合"（anti-portfolio）来记录他们错过的投资机会，这些著名的品牌包括爱彼迎、苹果、艾特莱森（Atlassian）、比特币基地（Coinbase）、脸谱网、谷歌、特斯拉和视频软件Zoom等。这个行为是为了提醒自己，要时刻保持诚实和透明度，同时激励自己继续寻找和支持未来的伟大公司。这个"没投资组合"的概念被许多投资公司采用，用来反思自己的投资决策，更重要的是告诫自己：无论你觉得自己有多么厉害，你都没有厉害到无所不能的地步。看不准是常事，但要继续看，不断尝试。

沃伦·巴菲特投资的企业大多在发展和成熟期，但他也采用了这一做法。他习惯在伯克希尔·哈撒韦公司的年度会议上讨论前一年的投资错误。例如，公司在1989年投资了美国航空公司（U. S. Air），但由于收入不足以支付股息，该投资一度陷入困境。他在2008年以过高的价格买入了康菲石油（ConocoPhillips），导致损失了数十亿美元。巴菲特还在 2017 年承认，未能投资谷歌是一个重大失误。早在 21 世纪第一个十年里，谷歌的创始人拉里·佩奇（Larry Page）、谢尔盖·布林（Sergey Brin）和时任首席执行官的埃里克·施密特（Eric Schmidt）就曾拜访巴菲特，但后者并没有投资谷歌。他解释说，尽管看到了谷歌广告对 GEICO（伯克希尔·哈撒韦旗下的保险公司）的影响，但由于缺乏技术知识，他没有预见到谷歌的长期竞争优势。

巴菲特的好伙伴芒格一样有这种反省的习惯。他们两人不是垂头丧气地反思错误，而是对错误有一种期待，享受从错误中吸取教训的过程。在《穷查理宝典》中，芒格曾多次表达过对这种"破坏"的执着："哪年你没有破坏一个你最爱的观念，那么你这年就白过了。"

1962 年是沃伦·巴菲特自己的投资公司成立的第 6 个年头。他注意到了伯克希尔·哈撒韦这家纺织公司，当时其股价低廉，但资产价值高。巴菲特认为该公司被市场严重低估，于是开始购买其股票。

根据之前巴菲特与时任伯克希尔·哈撒韦总经理的西伯里·斯坦顿（Seabury Stanton）达成的协议，伯克希尔·哈撒韦应该在 1964 年以每股 11.50 美元的价格回购巴菲特所持有的该公司股票。然而，正式报价被降至每股 11.375 美元。巴菲特感到被欺骗和愤怒。这次失败的经历也使巴菲特更加重视公司控制权、管理层诚信以及长期投资策略的重要性。之后，他决定继续购买股票，并最终在 1965 年控制公司，解雇了欺骗他的斯坦顿，并将伯克希尔·哈撒韦从一家纺织公司转型为多元化的投资控股公司。

在《成为沃伦·巴菲特》中,巴菲特表示,自己最好的决定就是完全收回掌控权,设计了一种适合自己的组织结构,用一生的时间和一群价值观一致、可以照顾好自己、能让自己的生活变得简单的人一起去创造价值。

为了践行在这个错误中学到的教训,伯克希尔·哈撒韦采用的是分散管理模式,各子公司由各自的管理团队独立运营,总部不进行微观管理。而总部团队一直保持着精简——只有 25 个人。

这个 25 人的团队没有委员会,没有公关部门,没有人力资源部门。这是巴菲特给自己设计的乌托邦。对他而言,这不是工作,而是娱乐:是一大早醒来,看到心爱的妻子;是开着爱车去公司,路上买自己心仪的"麦满分"早餐;是去和喜欢的人见面,做有趣的事情。

★ ★ ★

关于在失败中学习,哈佛大学商学院教授艾米·C. 艾德蒙德森(Amy C. Edmondson)分享了自己的观察:大部分管理者对失败的思考方式是错误的。这些错误主要集中在两个方向:一、大多数高管认为失败是不好的;二、大多数人认为从中吸取教训很简单,觉得只要反思自己做错了什么,之后就会自然获得教训。

她主张更加深入地从失败中学习。一方面,你要强迫自己欢迎失败。失败不是坏事，有效的失败是优质的资产。另一方面，你需要给自己的失败反思加入更多情境和有效反思。比如，我们一般喜欢将失败归结于程序错误或者市场还没有准备好这类表层因素，让自己好受一些，让报告好写一些。但这些简单粗暴的责备游戏会让你陷入另一种形式主义——逃避式的失败反思表演。你看似反思了，但没有进入具体情境。让我们来看一个例子。

小 A 是一家设计公司的客户经理，负责对接重要客户。小 B 是客户方的项目经理，负责一个品牌宣传项目，急需小 A 公司交付一份设计稿作为项目基础。设计稿原定上周五交付，但小 A 公司至今未提交，已经延误三天，导致小 B 的项目无法推进。

面对小 B 的质问，小 A 辩解说："我们的设计团队出了点儿问题，没按时完成。"

小 B 说："我不关心你们内部谁出了错，我们不能再拖了。项目需要这份设计稿，后面的事情才能开始跟进。还有其他的供应商要协调……"

小 A 无奈地说："我已经尽力催了，但是你知道设计这种活儿是需要灵感的，他们做不出来，我也没办法啊。而且我们是平行部门，我也没权力要求他们做事……大家都是打工人，理解一下吧。"

小 B 无言以对。

其实延误的真实原因是小 A 错误地估计了任务的难度，头脑一热就先跟小B拍了胸脯，承诺了不现实的交付时间。但小A显然不觉得自己需要为这次失败的合作负什么责任。一旦陷入自证"我没错"的陷阱，把自己置于弱者的位置，就没有萌生智慧的可能。

要从失败中汲取智慧，关键在于一个重要的心理学概念——面对。

为什么失败分析经常停留在表层？这是因为审视失败在情感上是不愉快的，会伤害自尊心和面子。另一个原因是，分析失败需要开放、耐心以及对因果模糊性的容忍。这个看似追求效率的过程本身的效率不高，并且可能给人们造成二次伤害。分析过后，你会发现一个更惨淡的事实：我们不仅仅是"疏忽"了，还存在能力和认知上的问题，这些事实会让你难以接受、想要逃避。

心理学中的归因理论，尤其是美国社会心理学家伯纳德·韦纳（Bernard Weiner）所做的研究，从对失败原因的阐释角度清晰地呈现了我们为什么这么难以面对失败。对失败原因的理解会深刻地塑造后续的行为以及态度。我们在碰到失败事件的时候，会本能地去探寻原因，而这个归因过程有三个关键维度，它们一起决定我们是选择逃避还是从中学习。第一个维度是内因和外因：要是把失败全归到外部不可控因素上，我们就容易推脱责任，陷入抱怨；要是承认失败和内部可控因素有关，我们就能激发出主动改进的动力。第二个维度与稳定性有关：如果觉得失败源于自身稳定不变的缺陷，我们就会感到绝望并放弃尝试；相反，如果把失败看成特定情境下的暂时状态，我们会保留未来成功的希望。第三个维度是可控性：关注那些完全没法掌控的因素会让人感到无力，行动意愿大幅降低；识别并专注于自身能掌控的行动，我们就能燃起改变的决心。

要真正从失败中学习而不是逃避，关键是要有意识地进行归因重构训练——刻意把失败归因于内部的、不稳定的、可控的因素。

比如上面的例子，当小 A 把失败归因为自身可干预的协调漏洞（内部），提出临时性解决方案（不稳定），并落实具体管控动作（可控）时，小 B 的质疑自然会转化为推进合作的动力（见表 7）。这既是危机公关，更是将失败转化为服务升级契机的归因智慧。

表 7　小 A 的归因

| 维度 | 消极归因 | 积极重构 | 客户感知转变 |
| --- | --- | --- | --- |
| 内/外部 | "他们没完成" | "我没有同步风险" | 责任感提升，信任重建 |
| 稳定性 | "灵感不到没法做" | "临时调整导致，可解决" | 问题非固有，希望感增强 |
| 可控性 | "我没权力管" | "已协调资源+新管控机制" | 获得明确行动承诺，焦虑下降 |

## 成功的痛

上面说到了面对失败和挫折。你可能觉得，对啊，这点需要学习。

但我想提醒你的是，成功同样难以面对。

成功需要付出的代价是多维度的。从身体角度看，追求成功的过程中几乎一定会伴有过度劳累、睡眠质量不佳、时长不足、压力过大等情况,而这些都会引发各种健康方面的问题,如慢性疲劳、免疫力下降,还可能引发心血管方面的疾病。从心理角度看,成功带来的压力会让一个人产生焦虑、抑郁的情绪,或是对自己产生怀疑。在高强度的竞争环境中,人有可能失去内心原本的平静,甚至会对自己的价值感到迷茫。在人与人之间的联结这一方面,成功的人会把大部分时间和精力放在利益社交上,留给家人、朋友甚至自己的时间较少,这样就会造成情感上的疏远,而这些都可能引发嫉妒或者误解。此外,成功的人还可能陷入孤独,很难找到和自己志同道合、认知匹配的伙伴,因此会感到孤立无援。

2015年,41岁的纳瓦尔·拉维坎特在一次播客对谈中说了一段发人深省的话。

我认为在内心深处,我是一个非常有激情的人,非常有竞争欲。我有强烈的取胜欲望,总希望自己是对的……在过去五年里,我可能和这个年纪的其他人一样,变得更加内省,更能意识到自己的缺点,努力去做一个更平静、压力更少、更幸福、更能活在当下的人。这意味着要学会控制强度:时而提升,时而降低。这是我们都要面对的矛盾。

我们都希望成为成功人士,但也希望成为幸福的人,而这二者几乎是完全对立的。看看时下的主流观点——走进机场书店,打开《时代》杂志,里面全是埃隆·马斯克或拉里·佩奇一样的成功人士,仿佛你也得像他们一样:成功、成功、成功。

所以,这就是我们每天要面对的矛盾,因为我们被告知美国梦会带来幸福,但事实并非如此。我认为很多人随着年龄的增长会明白,幸福是内在的。幸福是你自己选择的结果,是你培养的一种技能。那么,如何做到这一点?这就是根本的矛盾所在。

我们在发展财富的路上会面临这样的一个个"二选一":安逸和奔波、安稳和折腾、确定和风险、容易模式和困难模式……在每一对选择中,我们都选了后者,于是踏上了奔向金钱和成功的路。

这就是属于发展财富的人的原罪和痛。

我们希望满足自己的野心,觉得自己在追求梦想和幸福,但在资源一时无法变化的前提下只能消耗自己。这种消耗,是不适的、痛苦的、艰难的。在当下,它让我们无法拥有幸福,还要承担无法成事的风险,更不消说成事以后的成就能否转换为幸福,还是未知数。

对普通人来说,成功和成人在发展的初期几乎是两条平行线。即使对硅谷的投资偶像、41岁的纳瓦尔来说,它们的交集也需要莫大的悟性和努力。

我人生中第一次觉得自己和"成功"有一点点关系,是获得博士学位的时候。并不是说这件事有多么了不起,而是它对我个人来说意义非凡。我从18岁开始就想当一个大学老师,历经多年的苦累,挥洒血汗,到27岁获得博士学位……这件事对我来说像里程碑一样意义重大。

那之后的日子呢？我享受成功的果实了吗？之后的苦累、血汗好像一点儿都没有少。随着想做的事、想要达成的目标越来越多，我好像离幸福和自由越来越远：我时而觉得做事情好难，抑郁又焦虑，时而又觉得自己手握着光荣和梦想，站在世界之巅。

《沉思录》（*Meditations*）对我来说就是改变这一切的救星。这本书是古罗马皇帝马可·奥勒留（Marcus Aurelius）的私人日记和记事本，不是畅销书，不为教育别人，专门写给他自己。这部私人日记给了我巨大的冲击和安慰——1800多年前的他是当时世界上最成功的人之一，坐拥无人企及的名和利，但这一点儿不妨碍他和我这个俗人一样面对着类似的问题：对人性善恶理解的撕扯，沉醉于欲望又害怕被它吞噬的煎熬，精神的困顿和挣扎，以及去做一个更好、更幸福的人的努力。

成功和权力并不会附赠内在状态的富足，这部分"成人的功课"需要付出额外的努力。这可能是发展物质财富和精神财富的路上需要我们认可的一点。一旦接受了这个事实，人就像掌握了某种正当性和特权，会忽然清爽和幸运起来。

# 联结
**从人际交互到应对大环境**

# 第 21 章
# 声誉：最高效的价值交互筹码

约翰·凯恩斯（John Keynes）是 20 世纪最重要的经济学家之一。他曾经用一个有趣的比喻来描述股票市场的价格走势——将股票市场比作报纸举办的选美比赛。在这项比赛中，参赛者需要从 100 张照片中挑选出 6 张最漂亮的面孔，做出的选择与所有参赛者平均偏好最接近的人将获得奖品。

如果你是一个聪明的参赛者，你会意识到，你喜欢谁不重要，大众的审美比较重要。如果你想获胜，你不能去选择自己认为最漂亮的面孔，而是要投入智慧去预测所有参赛者的平均偏好。

这就是凯恩斯眼里股票市场的本质。我认为，它也可以被用来描述声誉的本质。

在声誉的范畴里，追求你认为的美好对你自己来说价值连城，但对他人而言价值不大。如果说可以用来发展财富的能力是一种个性化的选择，声誉则是一种"塑造的游戏"——让自己无限靠近集体对"美"认知的最大公约数，使大家可以轻松看懂你，并对你产生稳定的预期。

一些体育比赛为了减少评分和评委的主观因素，会分为如下几步。

> ❶ 收集所有评分：收集所有评委给出的分数
> ❷ 移除最高分和最低分：从评分列表中分别移除一个最高分和一个最低分
> ❸ 计算剩余分数的平均值：对剩余分数进行平均值计算，得到最终得分

我们的声誉算法可能比第三步要复杂，但逻辑相似。

<u>声誉的本质就是大家对一个人的集体意识和定价，是一种信用背书。管理自己的声誉，就是管理自己在他人那里的算法。我们日常的声誉维护，就是不断给算法提供"语料""规则"和"排序"，去校准它。</u>

箭毒蛙生活在热带雨林，它们长期进化出鲜艳欲滴的红、黄、蓝、绿等在生物学上被称为"警戒色"的体表颜色和强烈的毒性，在生态中形成了独特的"声誉"。哪怕是最勇猛无畏的捕食者，只要沾上箭毒蛙皮肤腺体分泌的生物碱类一次，体验过中毒的痛苦，便会记住这些颜色。捕食者把这种经验世代相传，对箭毒蛙望而却步，绕道而行，纷纷拒绝这种不值得尝试的"美色"。

然而，让人震撼的是，箭毒蛙的祖先可能也没想到，有一天人类会把它们当作漂亮的宠物来饲养。雨林里令人闻风丧胆的箭毒蛙，为什么没有震慑到人类？

因为箭毒蛙自身并不会产生毒素，它们的毒性来自食物。箭毒蛙在野外捕食有毒的蚂蚁、甲虫和蜱虫等昆虫，让有毒的化合物在体内积累后，会形成有毒的生物碱类，通过皮肤分泌。在家养环境中，箭毒蛙可以是无毒的，因为它们再也无法获得野外那些熟悉的含有毒素的食物。在人工饲养环境中，箭毒蛙的饮食通常包括无毒的昆虫，如蟋蟀、蚕蛾、面包虫等。这些饲料昆虫不含有毒性物质，所以家养的箭毒蛙就不会产生有毒的皮肤分泌物。

箭毒蛙美丽但有毒的声誉，因为人类高阶语料的迭代而失效了。它们逃过了捕食者，却没有逃过人类的"劫掠"。

## 声誉的生理和利益需求

塔利·沙罗特（Tali Sharot）是英国伦敦大学学院（University College London, UCL）情感大脑实验室（Affective Brain Lab）的主任。沙罗特的团队结合了神经科学和心理学，研究人们的信念和决策。

2011 年，沙罗特团队的一个研究发现，不诚实也可以"熟能生巧"：实验中功能性磁共振成像的结果显示，只要有过一次不诚实行为，我们大脑中分管情绪决策的杏仁核对不诚实行为的敏感度就会下降。下一次再做出不诚实行为的时候，我们的心理负担就会更轻。这会让我们谎越撒越大，在不诚实的路上越走越顺，离真诚越来越远。

所以，毁掉声誉很容易。开始做第一件坏事，之后就一发不可收拾了。

另一些科学家发现了看似矛盾的结果：虽然人类在声誉方面堕落起来很容易，但其实没有哪种生物比我们更在乎自己的声誉。我们甚至把声誉视作像金钱一样的奖赏和回报。美国国家心理健康研究所（National Institute of Mental Health, NIMH）的神经科学家研究发现：大脑中负责奖励机制的纹状体会同时对声誉、地位以及金钱做出反应，而对声誉和地位的反应比对金钱的还要活跃。研究同时发现，声誉会牵动其他情绪脑区，因此当参与者的地位和排名受到威胁时，他们会感到紧张。[1]

事实上，生物不仅对声誉有生理性的重视，还对其有重要的利益诉求：**它是自然界最高效的交互筹码，是用最小代价建立权势的高级策略**。

狼群是典型的群居动物，它们的社会结构严格有序，通常由一对阿尔法雄狼和雌狼共同领导。年轻的狼需要通过斗争来获取地位和领导权力。

在打斗中，它们会通过一系列的肢体语言来"秀肌肉"，比如身体接触、竖耳朵、奓背毛、低吼等。这些都是为了展现自己的实力和地位，尽量让对方知难而退、不战而降。如果这些招数都不足以解决问题，它们可能诉诸实际的攻击行为，包括咬、扑、推和挤等动作。然而，这一套"组合拳"的目的不是伤害甚至杀死对方，

---

[1] Caroline F. Zink et al, "Know your place: Neural processing of social hierarchy in humans," *Neuron*, vol. 58, 2 (2008): 273-83. https://doi:10.1016/j.neuron.2008.01.025.

而是明确等级关系。

战败方通常会通过露出腹部和脖子、把耳朵向后贴或把尾巴夹在两腿之间的动作来表示投降。而获胜者只会宣告胜利，不会对对方进行致命攻击，因为群居动物是需要彼此的。

获胜者的声誉由此建立：它是赢家，还懂得爱护同类，不会过度伤害。

声誉机制一旦在群体里中建立，奖惩也会随之而来，诋毁声誉的行为会被刻在"征信系统"中。

黑猩猩生活在复杂的社会体系中，通过互相梳理毛发、分享食物等行为来建立和维持社会关系。如果一头黑猩猩在群体合作中表现出损害声誉的自私行为，例如拒绝分享食物或在争斗中不支持同伴，其他群体成员会采用身体冲突、排挤或忽视等手段对它进行惩罚。这种惩罚还会被录入"黑猩猩征信系统"，降低它在群体中的声誉。声誉受损后，这头黑猩猩获取资源的机会将显著减少。

这种社会机制也存在于同为灵长类的狒狒群体中。雄性狒狒负责保护雌性和幼崽不受掠食者的侵害。如果某个雄性在群体防御中表现不力或故意逃避责任，其他雄性就会用攻击或驱逐等行为惩罚它，并将其录入"狒狒征信系统"，影响它的社会地位和之后的资源分配。

**声誉是效率最高的交互筹码。**

查理·芒格曾说："我认为保持良好的记录是非常重要的。如果你从一开始就能在诸如诚实这样简单的事情上拥有完美的记录，你将在这个世界上取得很大的成功。"芒格从未掩饰自己对诚实这类道德标准的功利追求。他还直言:"我觉得我们不应该因此而得到太多的赞誉,因为我们很早就知道,这种经营方式能让我们赚更多的钱。"

为了实践这些看似老套的誓言,他多次以高于对方出价的金额购买股权和债权,并在商业交易中做那个吃亏又公道的人。

这种口碑是行业的通用货币。美国"债券之王"比尔·格罗斯(Bill Gross)曾这样评价查理·芒格的诚实:"如果东海岸和西海岸同时被海水淹没,不管是由于风暴、地震还是道德沦丧,芒格的奥马哈依然会存在。应该用卫星将查理的道德标准播送到世界各地的金融中心,以防止未来再出现安然(Enron)或世通(WorldCom)之类的丑闻。"

这里的奥马哈是芒格的老搭档、著名投资家沃伦·巴菲特的家乡,也是他们的公司伯克希尔·哈撒韦的总部所在地。

在投资界,"奥马哈"已经是稳健的代名词,代表着长期与理性的投资。

## 财富和声誉的关系

不仅声誉可以帮助我们获得财富,财富本身也可以帮助我们建立和维护声誉。

当个体陷入长期金钱压力时,生理与心理上的双重匮乏会逐渐瓦解理性决策的根基，将人推向非理性的一侧，使其倾向于短期利益而忽视长期后果，摧毁其对未来的信任感。这种认知偏差会使个体逐渐放弃对社会规则的敬畏，直接催生出谎言、欺骗等"破窗式"的毁坏声誉的行为。

更危险的是，金钱的压力会通过社会关系的恶性循环放大其消极影响。哈佛大学的社会学研究显示，在低收入社区中，随着失业率的增加，邻里纠纷的发生率将上升数倍。而当居住在棚户区的青少年目睹父母为生计从事灰色职业时，他们更可能将"赚快钱"视为唯一出路——这种代际传递的生存策略，最终会演变为整个群体的信誉崩塌。

真正的文明救赎不在于消灭贫穷现象本身，而在于创造让每个人都能保持尊严生存的环境。而从个体层面来看，为自己创造这样有尊严的微环境就变得至关重要——经济独立是精神自由的第一步。

请务必保持存钱的习惯，这是一个人获得声誉最简单也最难的途径。简单点在于，和其他东西比，存钱不需要思考——存就是了。难点在于，你必须拥有钱，才能去存钱。但好消息是，存钱不需要你有很多钱，只要按比例存就好。

关于数字，我有一个具体的建议。在你第一个发展财富的生意开始之前，你应该存一笔够你活半年的"安心金"。这笔生活费的标准并不是足够你住在 CBD 的高档公寓里吃香喝辣，而是能满足你最低生活需求半年。在北京的话，这笔钱大概是 26000 元。

PART 4 联结

租一间小房子一个月 2000 元，加上押金，半年一共 14000 元，再加上每个月 2000 元、半年一共 12000 元的生活费，总计 26000 元。这笔钱不为别的什么，就为心安。发展财富和声誉都需要一个稳定的底盘，基础的安心金是必需的。

除了存在自己这里的钱，你还需要一个虚拟账户。这个账户包含你可以调动的钱，比如可以从各种金融渠道获得的钱和可以从朋友那里调取的钱。这些钱是一个人的底气，不建议用，但是需要有。这就是你的声誉额度。

★ ★ ★

想获得好的声誉，还有一个妙法，就是不能去诋毁他人的声誉。也就是说，哪怕你憎恨一个人，最好也能做到对其不予置评。

比如，你的团队中有一位不负责任、喜欢推活儿甩锅的同事，你内心对他多有不满。但在向上级汇报的时候，你没有去吐槽他的缺点，而是关注自己的工作职责和团队合作。这样你就给上级留下了真诚善良、顾全大局的形象，在不损害他人声誉的同时，让自己的职场声誉也得到了提升。

在巴菲特的传记《滚雪球》(*The Snowball*) 中，作者艾丽斯·施罗德 (Alice Schroeder) 写道: "尽管他准备关闭在过去的 13 年里花掉了他大多数清醒时间的合伙公司，他还是完全保持着和合伙人的联系，甚至还帮助他们把钱放在投资好手的手里……" 这体现了巴菲特在个人声誉上的长期主义。

《穷查理宝典》中，有一句话让人印象深刻："我是对的，你很聪明，迟早你会明白我是对的。"在声誉的世界里，我们不是要做个聪明人，而是要在混沌中保持自己，做个让自己和他人都尊重的人。

# 第 22 章
# 人际网络：如何平衡利己和利他

有人认为，我们的资源和人际网络，是一种类似"随机漫步"的存在。"随机漫步"是金融学的一种说法，指一种步骤完全随机的路径，常被学者们用来描述股票价格的不可预测——一切全看"命"和"运"。

这种观点是不正确的。

经营资源具有随机性，但通常是有策略和目标导向的。尽管过程中可能存在一些意外的机会和挫败，但在整体上，它强调的是长期的积累效应和关系发展，这与随机漫步的纯随机性有所不同。

无论在哪个组织，无论是自己创业还是给别人打工，无论什么资历，人际网络对发展财富都至关重要。

"company"（公司）这个词来源于拉丁语 cum 和 panis，cum 意为"一起"，panis 意为"面包"，合起来意思是"一起分享面包"。这就是公司的本质——大家聚在一起分享资源，一起做事。

## 社交是最不应假手于人的工作

人际网络能带来信息、机会、曝光和伙伴。有价值的网络，就叫资源。

斯坦福大学教授杰弗里·普费弗（Jeffrey Pfeffer）提出了一个我们不愿意承认的看法：人们对积累资源感到畏惧，是因为觉得积累资源需要虚伪的、不舒服的行为去支撑，而且这一系列努力不是传统意义上的工作。大家普遍认为这些努力比较低级，同时也不知道该怎么做。

创大业需要人际网络，搞小钱同样需要。在事业的辉煌期，觥筹交错、流光溢彩的社交圈子固然重要，但在默默无闻、从零开始的起步阶段，人际网络同样不可或缺。

第 4 章提到的硅谷最成功的投资人和创业者之一里德·霍夫曼在一次采访中表示，建立社交联结是最不应该假手于人的工作。所有人都应该建立属于自己的资源和网络。

霍夫曼曾经在多个场合说过，自己职业生涯的重要转折点是在 33 岁的时候受到彼得·蒂尔的邀请加入贝宝担任首席运营官。当时的霍夫曼并不是什么商业大佬，只是一个有过两段跳槽经历、一段失败创业记录的社招打工人，第一份工作在苹果，第二份在富士通，都是平平无奇的基础职位。而彼得·蒂尔是他在斯坦福上学时参加社团活动认识的同级不同专业的同学，同时，这位不成功的创业者在硅谷的创业圈非常活跃。

没有这些经历和联结,霍夫曼就不会收到电话邀请,人生的轨迹也会不同。当时的贝宝已经坐拥百万支付用户,因此可以说没有这层关系,霍夫曼连试试的机会都不会有。2000 年,蒂尔在试用霍夫曼一段时间后,邀请他正式加入贝宝。

两个人互为资源,两段大佬成长史拉开了序幕。2002 年,贝宝在纳斯达克股票交易所 IPO(首次公开募股),同年被易趣收购。霍夫曼和蒂尔的人生都进入了新的阶段。

两年后的 2004 年,霍夫曼认识到脸谱网的巨大潜力,于是牵线搭桥,将脸谱网的联合创始人马克·扎克伯格和肖恩·帕克(Sean Parker)引荐给蒂尔。霍夫曼在与人合著的畅销书《为什么精英都有超级人脉》(*The Start-up of You*)中写道:"资源和援助是双向流动的。"

蒂尔对脸谱网进行了深入了解,并投入了 50 万美元的种子资金,获得了公司 10% 的股份。这笔投资对脸谱网的早期发展起到了至关重要的作用。也因为这笔投资,蒂尔的资产和投资业绩有了质的飞跃。霍夫曼的这一引荐不仅促成了脸谱网的成功,提升了蒂尔的声望,也展示了自己在科技创业生态系统中的影响力,在硅谷创业史上留下了深刻的印记。

蒂尔并不是霍夫曼推荐投资脸谱网的唯一对象,另一个幸运儿马克·平克斯(Mark Pincus)也是他网络上的朋友。霍夫曼和平克斯结识于 2002 年,当时霍夫曼还在贝宝任职,平克斯正在创办和发展一个早期的社交网络平台 Tribe.net。他们一见如故,在 2002

年一起投资了社交网络公司 Friendster，并于 2003 年一起购买了一项社交网络的基础技术六度（six degrees）的专利。之后，平克斯继续做自己的社交网络平台，霍夫曼也开始打造职场社交平台领英。

2004 年，平克斯从霍夫曼处得到了脸谱网的消息。霍夫曼慷慨地要分一半投资份额给他，但他没有接受。

奇妙的缘分并没有终止。2007 年，平克斯开始创办社交游戏公司 Zynga，并邀请霍夫曼投资并加入董事会。Zynga 通过脸谱网这个平台推出了一系列社交游戏，成为社交游戏领域的领导者。2011 年，Zynga 在纳斯达克股票交易所 IPO，融资约 10 亿美元，成为当时规模最大的科技公司 IPO 之一。

认识一个人、结交一个人，就能改变一个人的财富格局甚至命运。

2025 年 5 月，94 岁的沃伦·巴菲特在伯克希尔·哈撒韦公司的年度股东大会上发表了讲话并回答了一些问题。巴菲特宣布将于年底卸任首席执行官，表示公司的投资策略不变，同时鼓励年轻人专注核心事务、与优秀者为伍，还强调了阅读和终身学习的重要性。

事后，不少自媒体博主发表了自己的观点，呼吁年轻人学习巴菲特的低调和长期主义。对此我持怀疑意见，毕竟巴菲特是财经界的头号大 IP，他的低调无从谈起。就说巴菲特声名鹊起这件事，转折点在于他认识并投资了一位媒体界大咖凯·格雷厄姆（Kay Graham）。当时是 20 世纪 70 年代初期，巴菲特想扩大自己的影响力，准备投资一家媒体公司。他发现《华盛顿邮报》（The Washington Post）被严重低估了，于是给该报掌门人凯·格雷厄姆写信，想购买她手上一部分的股权。当时的经济衰退和股市崩盘让许多投资者望而却步，但巴菲特却看到了《华盛顿邮报》在区域市场的独特价值，果断出手买入。他的名言"在别人恐惧时我贪婪"在此得到了淋漓尽致的体现。这一投资后来增值了数十倍，到2013年第一季度末，他的持股市值已达10.1亿美元，显示出惊人的9080%收益。

这次投资和联结不仅为巴菲特带来了巨大的财务回报，还对他整个职业生涯产生了深远影响。通过这次投资，他进入了《华盛顿邮报》董事会，并借此入局了媒体行业，积累了对这个行业的理解和人脉，为后续其他投资提供了支持。更重要的是，格雷厄姆还带着巴菲特进入了华盛顿的政界，让他接触到一些政界关键人物，获得了前所未有的曝光度，也极大地提升了他作为价值投资大师的声誉。

巴菲特的IP在经营十年后，于20世纪80年代正式确立，"每个人都想知道巴菲特说什么"。

## 利他和利己可以相辅相成

宾夕法尼亚大学沃顿商学院的教授亚当·格兰特（Adam Grant）长期研究善意和积极行为背后人性的丰富性。格兰特的研究揭示，人在做好事的背后一般都有两种动机，一种是希望显得自己是个好人，提升自己的形象；另一种是希望带给他人真实的帮助和利益，提升对方的现状。

这两种动机非但不会互相消耗，反而可以彼此促进，让人越干越带劲。他的研究还进一步揭示了这种叠加动机的发生场景。他发现，在职场上同时具备这两种动机的人是发展最好的人，也就是说，二者的结合能帮助个体在职业生涯中获得更好的发展。他打了个比方：理想的职场人应当同时具备"好士兵"和"好演员"的特质。在工作中，他们既能忠诚和高效地完成任务，又能在需要时出色地展示自己，获得他人的认可和支持。

但在实操中，我们常常会一方面对当个"好演员"感到很羞耻，另一方面又对不能当个纯粹的"好士兵"感到很懊悔，最后在人际拓展中举步维艰、扭捏不前。

格兰特呼吁我们亮出"利己"动机，抬起社交的头颅。人利己不丢人，这是我们进化的结果。

除了动机这种理性的产物，还有一个时常被我们忽略的社交货币——好感。事实上，经营人际关系没有什么秘诀。人都喜欢对自己好的人、看得见自己优点的人和可以帮助自己的人。如果一个人可以帮你扩张资产、实现理想，能为你提供网络和联结，那你很难不喜欢对方。

所以，要想让你想结识的人欣赏你，你要先发自内心地欣赏对方，不计回报地给对方提供资源和价值。只有站在对方的角度思考问题，信任才会萌生。

这个社会告诉我们，要掠夺资源，要有联结，要重视"关系"，这些说法的逻辑都很容易误导你：我得冲，我得要，我得获得！我见到一个人，内心要升起欲念："这人是谁？他能给我带来什么好处？他能帮我办什么事情？"

一旦顺着这个思路想，人脉就会立即原地消失。

不是说这样思考问题的人不懂事，或者没有温情，而是一般来讲，这种人的认知层次很低——情感上不可交，利益互换的时候也会让对方吃亏。

下次再见到想要结识的人，你可以试着顺着另一条思路来，这是被无数有识之士测试过的有效果的路："这人是谁？他需要什么？我能给他带来什么好处？我能帮他办什么事情？"

这样做的时候，利己的心并没有消失，但你宁愿搁置它，把对方的需求放在前面。这种行为本身就体现了一个罕见的品质——善良。

善良的操作性定义，就是放下利己心去利他，去为对方好，去先付出。

著名的美国作家和教育家戴尔·卡耐基（Dale Carnegie）有一本谈人际资源和网络的经典畅销书，书名很有意思，《如何赢得朋友及影响他人》(*How to Win Friends and Influence People*)。这个"赢得"用得非常艺术，毕竟"赢得"一般是这样搭配的。

- 如何赢得争论（how to win arguments）
- 如何赢得选举（how to win elections）
- 如何赢得客户（how to win customers）
- 如何赢得奖学金（how to win a scholarship）
- 如何赢得上司的青睐（how to win over your boss）

这些词都意味着付出，都是听起来就很辛苦的事情。赢得朋友也是一样，尤其是搞钱领域的朋友。为了你的网络和日后的资源，你需要付出落在实处的努力，做这些事：看见对方，保持积极向上的感觉，倾听，放小自己，让对方感觉自己很重要，谈论对方感兴趣的话题，引导对方说"是"，尊重对方的意见……

这些听起来有点儿像讨好人，但对人好和讨好人有一个本质的不同。讨好人的主体是对方，而对人好的主体是你。是你想要对他们好，意味着你有随时走开的勇气，也有独立的人格和尊严。同时，你有充足、稳定的自我，可以接受关系的淡去。变淡而不断裂，鲜有联系但依然保有交情，是人际网络中重要的人品。我们给彼此留了成长和变化的余地和空间。

利他是终极的利己。

2022 年，伦敦大学学院的克莱尔·于（Clare Yu）和同事对 66 项关于社交机器人或 AI 服务对痴呆症患者影响的研究进行了元分析。结果发现，短期使用社交机器人或 AI 技术会降低患者的孤独感、隔离感和焦虑感。尽管我们心知肚明它们是机器,但我们还是会和它们互动,而且感觉也不错。

但在分析长期使用这些技术的患者之后,科研人员有了新的发现。随着时间的推移,过度依赖机器人会加剧孤独和寂寞感。其中的原因发人深省:我们不是嫌弃机器人或者 AI 太无趣、功能不足、不够"贴心"、有些"智障",我们真正介意的是人与 AI 的关系里缺失了重要的人际成分——互惠。我们想要倾诉和分享,也想听他人和我们分享。我们除了享受关爱,也期待回报关爱。

一个很黑色幽默的事实扑面而来。

虽然我们经常抱怨人很自私,但我们大多数人只有通过真实的付出和互惠才能获得幸福。

关于互惠,里德·霍夫曼分享过一个特别有趣的办法——找机会,让对方帮我们。想交朋友,除了找机会付出,还可以给对方机会来帮助我们。

交往一段时间、付出一些精力之后,你可以给对方一个机会,让他帮你一次。人们最喜欢帮助自己的人,其次喜欢自己帮助过的人。在这个方向上,霍夫曼提醒我们不需要有顾虑,更重要的是,在接受了帮助之后,要充分地表达感激、分享反馈,因为人们除了喜欢帮助别人,还喜欢助人后的那份感激之情,以及你按照他的意见和建议做出调整后的一系列效果。

这些都可以是你们之间的黏合剂。和你在一起,他体会到了充分的快乐。

《如何赢得朋友及影响他人》出版于1936年。在这近100年的间隔里，我们的人脉网络和资源累积领域出现了一个新鲜事物——社交媒体。人们开始出于各种目的构建个人IP。原来在你的日常社交网络上不会出现的人，直接出现在了你手机和电脑的另一端。

21世纪头几年，我沉迷于商学院的各种理论，沉醉于课堂上的内容。任何学科只要和管理相关，我就觉得它"香喷喷"。但这些入门课里，唯一让我非常头疼的就是会计学基础。然而当时偏偏有个风潮，觉得会计很实用，会计外可移民、内可就业、上可厅堂、下可家政。总之，会计被吹得神乎其神。当时商学院的同学大都选了会计。我自己选了管理学，于是瞬间变成了一个没人理解的异类。我家里虽然没有什么意见，但把一口大锅扔给了"弱小、无助"的我——你自己决定吧，我们都支持你。

我怎么决定？当时，博客这种自媒体形式盛行。我就在博客上写了一个自我简介，把自己的情况写得清清楚楚，把我对管理学的爱表达得明明白白，然后发私信给我当时觉得牛爆了的10位大咖，有企业的首席执行官、创始人，也有管理咨询领域的大佬，总之就是一些在现实里我不可能接触到的人。

你猜，有几个人回复？

10位里有5位回复了我的私信，意见惊人地统一：学，既然这么喜欢，就学你喜欢的。

有一位的回复至今历历在目，我当时看到就哭了出来。

他说："学管理学，一直学下去。"

这就是卡耐基没看过的人际革命。社交的墙被网络打破，你不需要穿着高定衣服，穿梭于五星级酒店的大堂或者什么米其林餐厅。在自己的宿舍里，你同样可以和任何你想交流的人交流。只要付出一些心思，弱社交联结也可以带来新鲜而真实的帮助。

这也是为什么我会在三年里利用业余时间讲了 200 多场 QA 问答直播课——我想给网线另一端陌生的你展示一个我看到的世界，希望可以照亮你的路，或抚去你的丝丝迷茫。

## 第 23 章
## 为人处世：神奇的复写纸效应

1968 年，罗伯特·罗森塔尔（Robert Rosenthal）和莉诺·雅各布森（Lenore Jacobson）在美国加州的一所小学做了一个实验。他们组织学生参与了一项"关于学业潜力的特别测试"，但其实这个名头只是个幌子，这就是次普通的智力测试。

测试结束后，研究者从参与的学生中随机抽取了 20%，告诉老师们，测试结果表明这些学生是"潜力股"。老师们显然被蒙在鼓里，完全不知道名单是随机的，还以为这是什么高端的科学发现。

一年以后，所有学生再次接受了智力测试，结果显示，那些随机选出的"潜力股"学生的智力测验分数有显著的提高，学业表现也优于其他学生。这意味着他人的期望能对个体的表现产生积极或消极的影响。在这个实验中，老师对"潜力股名单"上的学生抱有更高的期望，结果这些学生真的表现得越来越好。相反，如果老师对学生期待较低，那么学生的表现也会相应下降。

这种现象被称为"观察者期望效应"（Observer-expectancy effect），

也叫"罗森塔尔效应"(Rosenthal effect)或"皮格马利翁效应"(Pygmalion effect)。这是心理学中一个重要概念,揭示了期望对结果的影响。

罗森塔尔和雅各布森认为,期望会影响现实,创造出自我实现的预言。

这是一个深刻的发现。在我看来,人际关系的核心也在于管理自己对他人的期望。

但人间的悲剧就是,我们手中并没有一份经过"权威测试"的名单能告诉我们哪些人值得期待。我们只有自己的主观感受和评价:"他很严肃""他不好说话""他怎么这么对我""他在欺负我""他对我不如我对他好""他真小气"……这类不满难免会通过无意识的行为表现出来,如回避对话、语气变冷、防御性回应等,给对方埋下糟糕的心理暗示。而对方可能也会无意识地配合这个剧本,最终真让关系滑向预设的深渊。

这很像我们小时候常玩的复写纸游戏。复写纸具有油蜡质感,闻起来有一种油墨的化学味道。当你把它夹在两张纸中间,在上面那层纸上写字,就能在下面那层上拓印出一模一样的字来。当你在内心嘟嘟囔囔、抱怨对方的时候,就像是在上面那张纸上写下了我们对他的消极期望。这些消极期望会通过复写纸,一比一拓印到你和对方的关系中。

同样在1968年,奥格·曼狄诺(Og Mandino)关于自我提升的经典著作《世界上最伟大的推销员》(*The Greatest Salesman in the*

World）问世。这本书讲述了贫穷的骆驼男孩哈菲德通过学习和实践古羊皮卷中的教义，逐渐形成并坚持一些信念和行为，最终成为世界上最伟大的推销员、实现富足生活的故事。关于人际关系的秘密，书中是这样写的：

我们希望别人怎样对待自己，就要怎样对待别人，这样才可以对人施以影响。

每当我皱眉时，回报也一定是蹙额。

每当我愤怒地大喊时，愤怒之声回应着我。

每当我抱怨时，苛刻的目光将我刺穿。

每当我诅咒时，憎恨的目光必定回视着我。

我使自己生活在一个没有微笑的世界上，一个充满失败的世界上。我一直责怪别人与我为难，现在才知道问题出在自己身上。

我终于睁开了眼睛。

我不再难以与人相处了。

我微笑，无论对朋友还是敌人，并努力发现他们身上值得赞扬的品质，因为我认识到人类出于天性深切地向往着赞美。

## 拉大人际算法的容量

最近几十年的科学发展，让我们真人之间打起交道越来越难，我们喜欢宠物，喜欢机器，喜欢 AI，却越来越不喜欢真实的人。

如果真的如此,我们不妨从 AI 身上学习一些和人相处的办法。

在计算能力不变的情况下,AI 的发展主要依赖算法和语料。语料的数量、质量和多样性会直接影响算法的表现。通过校准语料来优化算法,是确保 AI 模型能有效学习并适应实际应用场景的一个关键步骤。

我们在真实生活中和某个人打交道时,也需要像 AI 一样,通过校准语料来优化算法。因为我们的人际语料并不精准,所有的人际素材都不是事实,而是我们对事实的看法、感知和情绪,所以要想语料丰富而有品质,我们需要人工校准它们。

这样做的目的,是为了不错过"真"。语料需要尽可能丰富,时间线要够久,事件要够多。人际关系的计算切忌"一事一议"。

在一次咨询中,一位上班族朋友来找我控诉自己的领导。

她在当前的公司已经 4 年了,兢兢业业,业绩突出。她研究生一毕业就到了这家公司,当时面试她的就是她现在的部门领导。这位领导一直对她不错,前几个月还在一次会议上公开表扬了她,称赞她的项目能力,之后给她争取了一个在国外带薪培训的"肥差"。

她春风得意,对职场充满期待。

但几个月后,公司公示了升职名单,她的名字不在其中,反而是晚来一年的同事得到了这个机会。同事虽然也很努力,但毕竟资历和经验都不如她。

这个结果让她感到极度失望和愤怒,她觉得自己多年的付出和努力付之东流。她对领导失望透了,觉得他就是个只会"画大饼"

的骗子，对这个让她怀才不遇的公司也恨透了。

她问我，她是应该辞职还是原地摆烂？

我说，你的心情我理解，但我有几个问题想问你。

我：听你之前的描述，虽然这次领导在升职问题上的决定让你很生气，但他似乎也支持过你。我想问问，在你和领导相处的 4 年中，10 件事情里有几件他是倾向你、帮助你的？

她：8 件。

我：10 件里有 8 件吗？

她：对。

我：那按我的标准，这个人对你挺好的啊。

她：（沉默）

我：我们在观看一些体育比赛之前，会得到两位运动员过往交手历史上的头对头胜率，比如运动员 A 对运动员 B 的胜率是 70%。如果在这场比赛中 A 输给了 B，我们能说 A 的水平不如 B 吗？当然不能。因为虽然这场比赛的失利让 A 的胜率有所下降，但整体看 A 的胜率还是高于 B 的。那我们回过头来看，两个人在过往的职场交互中，一个人有 80% 的事情都是向着另一个人的，那能因为一次的不如意否认他过往的"胜率"吗？

她：嗯，不能。

我：那我们就大可以把事情往好处想。失败一次有什么关系，整体上领导还是认可你的，可能下一个机会就是你的了，对不对？

继续因为这件事情怨恨领导,也对今后的职场发展毫无帮助,你需要先从当下的情绪中解脱出来,用开阔的心态面对这件事,才会重新获得自由。

她:老师我有点儿懂了。

我:好。那我们再回头来看看升职落选这件事。这件事让你很受挫,是因为你觉得领导否定了你的工作能力,觉得他不公平,但你可以静下心来想想,你的这个语料一定是准确的吗?领导没有推荐你,有没有可能是因为有不可抗力存在?会不会是因为,他知道后面还有更适合你的机会和岗位?

她:确实也有这种可能。

我:对吧。那这件事情就是一个待校准的语料。等情绪过去了,你可以心平气和地和他聊一下,把事情说开。这自然会是一次宝贵的学习机会。

看到这里,你对这个逻辑熟悉吗?我们讲到雇用者和被雇用者的关系时,也提出需要拉大算法的容量,体现在雇用方要开阔心胸,"大数据看人"(见第90页)。这也是复写纸效应的一种体现。想充分地发挥被雇用伙伴的价值,就需要放弃"猫捉老鼠""一事一议"的游戏。用心胸撑起对他人发自内心的期待,拉长时间,是一种付出,也终将得来扎实的人际回报。

# 第 24 章
# 逃离时代叙事：拥抱"时态红利"

年轻朋友们经常来问我一个问题："老师，我们这代人太难了。这个时代已经没有红利了，该怎么办？"

## "下海"潮与铁饭碗

我曾问过大家最羡慕的时代红利是什么，大部分人提到了 20 世纪 90 年代的"下海"潮。1992 年 9 月 26 日《人民日报》经济版块（第 2 版）中的一篇报道《第三次商潮——形形色色"下海人"》中有这样的描述。

踏上公共汽车，走进办公室，以至于在家门口，人们都可以听到关于"下海"的议论……

在北京西单百花市场，北京啤酒厂一位"业余摊主"说：前些年，眼睁睁看着一些从监狱出来的、身有残疾的，或者退了休的，都发了财,而我们这些身强力壮的小伙子干一个月,还不如他们两三天赚钱多,心里那气就别提了。于是,就发牢骚骂社会分配不公。可骂了几年,没把人家骂穷,更没把自己骂富,现在明白了,发牢骚,只能找气生。与其抱怨,不如趁早干。

记者问"北啤"的那位小伙子,现在下海你不觉得有点晚了吗?"是晚了点,可这趟车再错过,后悔更没地方了。"小伙子答道。

在某合资企业兼职的一位大学老师说:现在是"下海"的好机会,前两年政策的一个突出特点是管。"下海"的人感到赚钱不易,不少人甚至觉得投资经商冒险,不如存款保险,不如吃"大锅饭"省劲。有些个体户把钱存入银行,吃起了利息。现在政策的突出特点是放,鼓励人们把经济搞活,大伙儿看到赚钱的机会又多了,"下海"的人自然就多了。

同年,我在距离北京 500 公里的山西省太原市上小学二年级。某天,我们几个孩子去一个同学家给他过生日,走到门口时,我们愣住了——一个叔叔正跪在门前,低着头一言不发。屋里传来一个长辈的吼声:"人家不干了,胆子大了,要辞职,败姓[1]了!"

当时的地域发展差异很大,观念差别也巨大。同学的家人,包括我小时候周围的人,都还没消化《人民日报》上的"胜景",也不大理解这码事。大部分人觉得,丢掉国企的工作就等于扔了铁饭碗。

---

1 太原方言,意思是给家族抹黑,丢人。

后来，根据从各方拼凑来的消息，这位"败姓"的叔叔原本自己悄悄去辞职，不巧一个系统的小领导认识他的家人，通风报信了，气得他父亲要打断他的腿。

最后，这位叔叔没拗过家人，留在了"岸"上，没有下"海"。在那个现在我们认为遍地黄金的年代，"下海"属于一种离经叛道的小众选择——敢于扔掉铁饭碗的人是少数。

**人们常常说选择大于努力，但扪心自问，即使我们生在那个所谓的"红利"年代，又有几个人能冲破重重认知壁垒和社会压力，做出那个可以让自己站在时代风口的选择呢？**

再看一个例子。

1928年，英国细菌学家亚历山大·弗莱明（Alexander Fleming）在伦敦一家实验室里意外地发现了青霉素。第二年，弗莱明发表了他的研究成果，详细描述了青霉素的抗菌效果。这个后来拯救了无数生命的"神药"在当时无疑是一份巨大的红利，但出人意料的是，没有一家制药公司认识到青霉素的价值。

第二次世界大战期间，制药企业默克（Merck）开始意识到，他们错过了早期参与这一革命性药物开发的机会。默克的一位高管在20世纪50年代初的一次内部会议上说："我们当初低估了青霉素的潜力，现在看来，这是历史上的一个重大失误。如果我们能够更早地认识到它的重要性并投入资源进行开发，我们本可以在抗生素市场上占据领先地位。"

虽然辉瑞（Pfizer）最终成了青霉素生产和商业化的领导者，

PART 4 联结

但他们最初也没有意识到青霉素的潜力。辉瑞的历史文献中提到，公司在20世纪30年代初期曾短暂考虑过青霉素，但由于提纯困难和生产成本高，他们没有继续投入研究。辉瑞的一位前首席执行官在回顾公司历史时曾说："最初我们没有充分重视弗莱明的发现，错失了早期介入的机会。尽管后来我们通过深层发酵技术取得了成功，但那段时间的犹豫使我们错失了成为青霉素领域首批开拓者的机会。"

让我们再把目光转回国内的商业圈。

2016年，我去参加一个行业高峰论坛，台上的知名专家"这上不了台面，创新创业要回归经济主体"的评论引发了全场震动。

会后的晚宴上，同桌吃饭的人一起聊天。

A：你知道×××（某短视频平台）吗？

B：知道，群魔乱舞，很低级。

C：哈哈哈哈，我可不玩那个。都是小孩的玩意儿。

在那个时间点，对短视频一脸嘲讽的企业家们，但凡愿意在平台上拍点什么，其人生和事业的轨迹可能都会有所不同，也不用在五六年后满世界找人花大价钱学习如何做企业家IP了。

有句俗话说，人永远赚不到认知外的钱。在红利正在发生的时代，大部分人意识不到这是一个千载难逢的机遇；而当红利成为街头巷尾、茶余饭后的谈资时，它给普通人留出的机会和窗口期也早

<u>就过去了。</u>

## 用现在进行时态生活

如果说时代红利无法把握，那我们真正能掌握的是什么呢？

最近经常看到这样一类短视频：博主在头等舱休息室采访大佬，让他们给年轻人提供建议。一个常问的问题是：您觉得"90后""00后"这两代，和您那时候的"60后""70后"比起来，机会是多了还是少了？

大佬们的答案很统一：少了。

此时基本是弹幕高峰："你看，我就说吧……""大哥就是说实话呀。""真是时代的浪潮，都是命。"

几个问题之后，大佬们会被问到另一个问题：您觉得年轻人还有机会吗？还能赚到钱吗？

答案依然很统一：当然可以。一步一个脚印来……

这时候的弹幕口径变了："虚伪。""还有什么啊，都让你们占了。""一步一个脚印，也留不下几个脚印。"

最后的问题大部分是"怎么做"类型的，大佬们一般会给出一些解决方案，比如有脑子、不断反思、跟对人、踏实……

弹幕中在这时会出现吐槽："富在术数，不在劳身；利在势居，不在力耕。""'爹爹不休'有意思吗……""无非是时代的红利罢了……"

大佬们觉得：虽然现在比过去难了，但是依然有机会。

网友们觉得：因为现在比过去难了，所以现在没有机会了。

二者的差异在哪里呢？

网友们看到的是，现在时态下，过去时态的东西没有了。要是有，我肯定也可以，但就是因为没有啊，我又能怎么办呢？你看，过去做事多简单，遍地是黄金，现在不是啊，所以过去那些方法和可能性就都没了，实现不了了啊。

而大佬们看到的是，不同的时态下，存在不同的机会。过去有过去的机会。过去的事情放在过去论，可以让它们留在过去。现在赚钱比过去难，可是也没什么好讨论的，想现在赚到钱，你只能强迫自己活在现在的时态，用现在的语境去讨论赚钱这件事，在现在的环境下去看怎么实现它。

当你活在现在，讨论现在的事、赚现在的钱，这就叫抓住了时态红利。

我们个体无法主宰生活的时代，但能决定生活的时态。在固定的时代环境下，一个人如果左顾右盼、外归因上瘾、抱怨纠结，就是在用过去时态生活。而一个人如果能活在此刻，利用好有限的个人资源和社会资源，尽己所能去做自己想做的事，拿到一个个脚踏实地的结果，就是在用现在进行时生活。

你这样做了，就拿到了当下时态的红利。你就是自己人生时间轴的赢家。

说完时态红利，让我们来看一个与红利相对的概念——泡沫。

# 第 25 章
## 选对赛道：经济大环境与泡沫悖论

20 世纪 80 年代末到 90 年代初，日本房地产市场崩盘，房价下跌 50% 以上，日经指数从 1989 年的 38957 点跌至 1992 年的 14309 点。银行坏账激增，损失超过 5000 亿美元。建筑工人、地产经纪人、金融从业人员等数百万就业岗位消失，失业率从 1990 年的 2.1% 上升到 2002 年的 5.4%。

21 世纪初的几年，美国互联网泡沫破裂，纳斯达克指数从 2000 年 3 月的 5048 点跌至 2002 年的 1108 点，损失超过 5 万亿美元市值。随之破裂的是就业泡沫，数千家互联网公司破产，数以万计的技术人员和 IT 从业者失业，整体失业率从 2000 年的 4% 上升到 2003 年的 6%。

人们在选择市面上认为存在红利的行业时，往往容易忽略背后的就业泡沫。而就业泡沫一旦破灭，就会让无数天之骄子一夜梦碎，失去自己引以为傲的一切。

美国社会心理学家弗里茨·海德（Fritz Heider）曾提出一个

"归因理论",指出了一个非常容易被人忽视的倾向,即在应用归因策略的时候,人是利己的。这种倾向后来被称为"自我服务偏差"——个体在给自己的成果分析原因时,倾向于将成功归于内在因素(比如自己聪明、能力强又努力),即内归因,而将失败归于外在因素(如自己运气不好、任务难、经济环境差),即外归因。

上一节讨论的时代红利就是一种常见的外归因。我们喜欢把自我的困顿全然归结为时代的不如意,但忘记了我们比较的对象不是过去时代的自己,而是现在和我们共处一个时代的他人。

在看待就业泡沫中的成功时,人们很容易进行内归因,把自己求得的职位和收入归因于自己的能力、学历背景和努力程度,而忘记自己可能在泡沫中游泳。前面提到的20世纪80年代后期出现在日本的就业泡沫就是很好的例子。企业哄抢大学生,就业市场一片大好:企业会报销求职者来回的出租车费用,甚至在面试结束后还会送他们小礼物。身处这种环境中的求职者很容易对就业前景抱有不切实际的期望,相信房价、工资会永远涨下去,少有人会去思考自己的能力、技能是否真能与高薪相匹配。

当泡沫营造出的假象成为一种社会共识,反泡沫、看见真相和敢于面对就变成了一种创新和勇气。

事实上,在消极事件发生前有很多征兆,人们多少是知道的,但没几个人愿意当皇帝的新衣的故事里的那个大喊着"他没穿衣服"的孩子。即使喊了,也很难被听见。

## 盛极而衰的魔咒

还记得第 5 章提过的底特律吗？这座城市在 20 世纪初期迅速崛起，是那个时代的"硅谷"。年轻、活力、创新、奋进、金钱、梦想……几乎所有美好的词汇都可以被用来描绘这座新兴的汽车城。

那时候的就业模式很简单：来者不拒。

100 万人拥入底特律。没有技能的话可以培训，没有学历的话可以深造。通用汽车公司开办了自己的企业大学，前课堂后工厂，学习和工作一步到位、无缝衔接。这个工作赛道的稳定是我们无法想象的。当时的口号是："保证终身就业、工作年限和收入职级直接挂钩！干得越久，赚得越多！"

听起来很梦幻吧？到了 20 世纪中期，底特律人口达 185 万，成为美国人口第四多的城市，工资中位数是美国最高的。当时还很流行工业旅游，世界各地的参观者聚集在这里，想要看看创新和繁荣的具体样子。1955 年，通用汽车成为历史上第一家年收入达到 10 亿美元的公司。这颗美国汽车皇冠上的明珠一直闪耀到 20 世纪 60 年代。

从 60 年代开始，汽车行业仿佛一夕间失去了创新的动力和改变的锋芒。一个又一个问题暴露出来，又被迅速掩埋：客户希望汽车更小、更省油，但高管们把车越造越大；日本发展出了效率更高的竞品，而且在不断进步和超越，但底特律坚信自己是世界第一；

企业层级越垒越高，官僚机构臃肿，决策效率越来越慢，所有问题都需要通过各种各样的"委员会"来决策，这意味着缓慢的步伐和数不清的会议；曾经让人引以为傲的稳定工作系统给利润越来越薄的企业带去了沉重的负担……

没有裁员，没有 N+X 的诅咒，但员工们收到了企业破产和员工失业的通知。后来，裁员反而是个好消息，还能拿到一点点赔偿。

这是一夕之间发生的事情吗？有管理专家分析，这些问题在 20 世纪 50 年代就出现了萌芽，那为什么到 60 年代才被发现和承认？因为那时的人们和我们现在一样信奉结果论。汽车公司在衰退期的数年里仍然创造着数十亿美元的收入，大家就不会有任何危机感，毕竟是份稳定工作，所有人都觉得多一事不如少一事：问题堆积如山又能怎样？瑕不掩瑜嘛。

既然结果一直在——大家看企业活着，自己的钱包越来越鼓——那么谁又会管过程中有没有问题呢？

这艘大船一直在与冰山碰撞。在这个过程中，粉红泡泡被一一扎破。曾被承诺一辈子有工作的人们开始面临裁员。20 世纪 60 到 70 年代，底特律的失业人数达到了 30 万。城市一直保持人口净流出，当地报纸调侃："我们的最大优势是不会堵车，永远不会。""哦，对，我们还有一个优势，长期居于危险城市榜单前三。"

底特律从希望的象征变成绝望的象征，用了 30 年。这 30 年中，只有初期入局的人们享受到了真正的红利，中段入局的年轻人承受着中年失业、能力不可迁移、转换城市成本居高等代价。

**盛极而衰的魔咒，只有极致的冷静和对创新的执念才能破解。**

我有一个人际习惯，在别人兴旺发达、春风得意的时候，尽量离他们远一点。一方面，兴旺发达的人很难真的需要谁。当所有人都围绕着他们，你很难找到赋予价值的机会，自然也享受不到时态红利。另一方面，很神奇的一点是，无论多么理智的个体，在极致兴盛的日子里都很难有冷静的头脑。按理说兴盛应该萌生出更多想法，兴盛期可以做成更多事，但大部分兴盛激发的是原始的欲望和贪念，会导致人做出一系列"奇怪"的行为。这些看似无厘头的"奇怪"，就是颓势。

真正可以持续上升周期的人，都是可以保持冷静的人，然而这很反人性，很难做到。在周围所有人都觉得你无所不能，极尽美誉地告诉你你有多伟大、多幸福，未来有更多美好等着你的情况下，还有几个人能像沃伦·巴菲特一样，和同一个爱人说早安，早餐去买自己喜欢的麦满分，把自己关起来做功课？

如果你恰好处于上升周期，恰好在春风得意，建议你把下面的事件抄一遍，裱起来挂在墙上。

- 17世纪荷兰的"郁金香狂热"时期（1634—1637年），一球顶级郁金香可以换一套房子
- 18世纪英国的"南海泡沫"破裂前（1720年），一股南海公司的股票可以换一座乡村庄园或豪宅
- 同一时期法国的"密西西比泡沫"破裂前（1719—1720年），一股密西西比公司的股票可以换一座乡村庄园或豪宅

- 20世纪80年代的日本资产泡沫破灭前,东京市中心一栋100平方米住宅的价格约为750万美元
- 20世纪90年代末至2000年的互联网泡沫破灭前,纳斯达克综合指数从750点上涨至5000点

## 郁金香和浴缸里的塞子

17世纪,作为一种来自土耳其的新鲜植物,郁金香平平无奇地存在着。它的流行起源于一种花叶病,这种花叶病毒会使郁金香的花瓣长出无规则、色彩浓烈的花纹。这种不规则的美引发了一种赌性,形成了一种潮流。当年的球茎商人们还会预测次年的流行花色是什么,同时伴随着一波囤货和炒作。

初期,人们赚钱了,低买高卖的游戏并不特别。最忧伤的是后半段,在局势真正下探的时候入局的人们。

这些人在初期是冷静的,觉得自己的亲友疯了,什么东西值得卖房子卖地去买呢?不久后,这种谨慎在现实面前被颠覆了。买入的人赚了钱,还赚疯了,以几十倍的利润赚得盆满钵满。于是,第一批冷静的人坐不住了,觉得自己的认知没有升级,所以遭到了报应,又气又恼。

冷静的人脑子热起来,宛如老房子着火,有钱的出钱,没钱的就拿东西换——土地、珠宝、家具、细软……全部可以拿来换取郁金香球茎。球茎价格变成了天文数字。

有人害怕了，开始出货，猜疑此起彼伏。价格如开闸之水激流直下，恐慌情绪占领了市场。人们一旦信心缺失，价格体系便会崩盘，一泻千里。球茎跌到了和它长得差不多的洋葱的价位。

可惜的是，这个变化和拐点来得猝不及防。<u>浴缸的塞子一旦被拔掉，水位就会开始迅速下降</u>。

经济学家一直想通过科普一些认知和理念，去教大家如何识别拐点。作为管理心理学学者，我对人类的判断很悲观。事后的理智分析，阻挡不了当时当事人的癫狂。

有经济史学家分析起20世纪20年代末股市的飙升，说得头头是道，但当时一些行业能力和经验都很丰富的聪明人都看不出繁荣背后的危机。新古典经济学的重要人物之一、费雪方程式的提出者欧文·费雪（Irving Fisher）和凯恩斯主义经济学的代表人物约翰·凯恩斯都在各种场合公开表示过股票定价合理。他们也都没有看到浴缸里的塞子。

每一个创造新收入的人在遇到盛宴的时候，大多会放弃理智的判断。在盛宴上告诉自己"浴缸里有塞子，而链条不在我们自己手里"是很难的。

诺贝尔文学奖获得者鲁德亚德·吉卜林（Rudyard Kipling）在20世纪头十年给儿子写了一系列关于人生建议的诗歌，其中有一句是这样的。

如果举世失控，唯你能保持清醒……

大地及其上之一切皆为你所有……

他想把浴缸塞子的链条放在孩子的手里。

## 普通人如何面对时代洪流

说到这里，会衍生出一个重要的命题：普通人如何面对时代的洪流？是追随还是叛逆？

先说答案——三个策略：随波逐流，急流勇退，以退为进。

**第一步是知道波和流在哪里**

什么行业好？关于这个问题，我有一个简单的方法，放在这里抛砖引玉，希望可以打开你的思路。去求职软件搜"人力资源经理"，加上3～5年工作经验、本科学历要求、你的就业城市、公司规模100人以上几个条件。你会看到不同公司给出的薪资下限差别很大。例如，在北京市场上，低的几千块，高的几万块。同样一个岗位，收入差在哪里？差在行业。行业热，有钱、有资本，这个职能性、支持性、辅助性的岗位就拿得多，反之就少。

找到一个收入盘子高的行业之后，怎么办呢？该享受高收入就享受，要有配得感。但同时，也要知道自己的斤两，保持清醒，逐步认清自己真实的市场价格。

**下一步是急流勇退**

这个退并不是让你直接去辞职,而是让你在还没有被框架中的岗位淘汰的时候,就着手让自己的个人真实价值默默攀升,人为地挤出市场泡沫。请记住,这不是为了你的单位,也不是为了你的领导,更不是为了顺应什么所谓的趋势。这样做,是为了你自己。

如何挤呢?有两条路径,一条是继续按上面的方法找新贵赛道,琢磨如何迁移,哪些能力群是缺失的,默默补充上。比如,我自己算是吃到了社科定量研究的小红利。在定量研究方向,学界在 20 年内经历了几波技术革新。能明显感觉到,一个研究方法、建模方式和数据分析手段在刚出现时很受欢迎——老内容叠加新方法,常能迎来一波红利。但两三年之后,随着方法逐渐普及,还能继续发表高质量成果吗?可以,就像后期的底特律,虽然余波尚存,但研究者的反应已经分化。有些人选择吃老本,反正方法依旧有效,尽管已不如初期那般轻松,也还能稳稳地发文章;而另一部分人则开始做两手准备:一方面继续巩固、享受前期打下的基础,另一方面则主动寻找新的工具与方向,愿意重构自身、重新出发。这样几年以后,虽然作为一个学者,你的身价没有变,但你知道自己在默默努力,这个不变的表层下面有一个奋斗的内核。

另一条路径是并行一个副业赛道。逻辑也很容易懂。比如,你现在的收入是 30000 元,你自己评估后认为能力占一半,行业和机遇的托举占另一半,也就是说,这个收入里有 15000 元的泡沫需要你自己挤出来,用别的方法补齐。那么,你需要在还能赚 30000 元的时候就开始探索副业。等主业泡沫灭了,你依然能拥有和原来齐平的收入。

**最后一个策略是以退为进**

有时,我们确实选对了红利赛道,也拥有了机会,但自己在这个机会中并没有得到什么,是机会中的失败者。这时候该怎么办呢?

我们来看个例子。美国 NBA 的球员如果在本土打不上职业比赛,一般会去欧洲联赛寻找机会。他们的技能并没有变化,但当机会和环境变化的时候,他们的竞争优势就可以得到彰显,这也会带来新的转机。

1975 年,安东尼·帕克(Anthony Parker)出生于美国伊利诺伊州的内珀维尔。大学时期,帕克选择就读于布拉德利大学,在那里成了一名杰出的篮球运动员,被评为密苏里谷联盟的年度最佳球员。1997 年,22 岁的帕克在 NBA 选秀中被新泽西网队(现布鲁克林篮网队)选中,3 年内先后换到费城 76 人队和奥兰多魔术队。他的表现始终不够好,没能获得稳定的上场时间和机会,发展得很不顺利。

2000 年,帕克首次前往欧洲,为意大利联赛的维图斯罗马队效力。之后,他又于 2003 年效力于以色列的马卡比特拉维夫俱乐部。在这个环境中,他"开挂"了,帮助球队赢得了 2004 年和 2005 年欧洲冠军联赛冠军,并两次被评为最有价值球员(Most Valuable Player,MVP)。

这些上场机会和锻炼也使帕克的技术和战术得以精进。2006年，他重返NBA，先后效力于多伦多猛龙队和克里夫兰骑士队。在猛龙队期间（2006—2009年），帕克表现出色，场均贡献12分、4个篮板和2次助攻，帮助球队赢得了大西洋赛区冠军，并连续两次进入季后赛。

价值是客观的，价格是主观的。从个体角度看，你的知识、技能、资源乃至声誉都是稳定的。就算在抓住一个机会后、在一种情境中没有脱颖而出，也不要气馁。死磕失败后就不要再死磕了，不如以退为进，换个地方，换一种情境——与其为如何迅速提升自我价值痛苦，不如换个新环境，让这些价值发展出更高的价格。

有一位迷茫、焦虑的年轻人曾问我："钱老师，怎么才能做到内核稳定、脚踏实地呢？"

我讲了我在23岁时读到的一则寓言故事。

所罗门王以他超凡的智慧闻名于世。他统治着一个辽阔而繁荣的王国，面对过无数次困难和挑战，经历过失败的痛苦和胜利的喜悦。忽然有一天，他深陷不安与焦虑，他意识到自己没有外界想象的那么强大，他的内心在一片一片凋落，他觉得自己可能再也无法复制过去的繁华，甚至如果再次面对四面楚歌的困境，他不敢保证自己能如过往那般从容应对。他觉得很累。

他向国度中所有智者征询建议，要求得到一种能协助自己在困难中保持镇定、在成功时保持谦逊的智慧，他说："我需要一种智慧，能在快乐或痛苦时启迪我，使我保持冷静和理智，不受这可怕的情绪左右。"

智者们纷纷献策，提出了很多蕴藏哲理和智慧的论述，但国王都觉得不满意，直到一位德高望重的老者缓缓地走到国王面前。老者拿出一枚古老而精美的戒指，上面刻了一句话："这一切终将过去（This too shall pass）。"他把戒指双手奉上，恭敬地向国王递去，对国王说："尊敬的陛下，每当您感到极度快乐或悲伤时，就看一看这枚戒指吧，它能带给您力量，一切都会好起来，一切都会过去。"

国王听后，心中豁然开朗，珍重地把那枚戒指戴到了自己的无名指上。

无论是因为错过时代风口带来的红利而心生惋惜，是因为身陷泡沫后的废墟而茫然无措，还是因为曾经拥有机遇却一无所获而悔不当初，就像故事中老者所言，一切都会过去。不过，一切在当前的时态下，也都有办法面对。

希望这一章的内容也能像这句话一样留在你的心里，或许在不经意间能带给你一些力量和慰藉。

## 后记
### 在变量丛生的时代,定义你的新收入算法

当书稿即将出版的时候,我摸摸自己受伤的"肩袖",对着电脑,看着熟悉的 word 界面,窥探了一下自己的心,心里没有那种事情终于尘埃落定的感觉。这是"青年成长"系列的第三本书。第三次做这个事情,在这个时刻,我心中百味杂陈。我舒了一口气,却好像有一些有趣又陌生的未知等在前方。

这不算薄的一本字纸,是写给那些被"不足"困扰着并努力寻找增量的年轻人的。当你翻到这一页,意味着你已经或即将完成这段关于新收入、个人成长和与自我和解的探索旅程。感谢你选择与这本书同行,与我一起直面这个时代最普遍却也最私密的焦虑之一——金钱焦虑。

发展新收入这件事情一直在那里,只是你没看到或者没意识到。但就像水面上的浮萍一样,当焦虑的风一吹,它就会跟着动,变成一个"显眼包"。它的根深深地扎在人心里那片肥沃的土地上,和人的内核有关,和人活着的姿态有关,也和人与他人的联结有关。

我唠唠叨叨地写下这本书里的文字，并不是想要教给你把石头变成金子的方法，也不是逼着你去争抢流水席上剩下的食物，只是想给我听到的那些"我难受，我没有发展，我被卡在这里了，快救救我"的都市职场呐喊一些回应。

新收入关乎增量诉求的基本保障和生命力本身。我想大声告诉你，诉求新收入的核心，其实是一种深刻的认知转变——新收入指的不仅仅是账户数字的增长，更是一种内在状态的自我革新。

这本书诞生的初衷是，我希望它成为你对抗金钱焦虑的一份"自救指南"。焦虑源于未知与失控感。当我们厘清了"核心我"的基本盘，升级了思维，掌握了工具，理解了联结，那份因金钱而生的迷茫与恐慌便会逐渐被笃定和掌控感所取代。

书中的理念和一步一步的方法，需要你在实践中去检验、调整、内化。不必追求完美，记住"51分的原则"，持续向前一小步。每一个微小的行动，都在重塑你与金钱的关系，也都在为你的新收入添砖加瓦。

愿你合上书页时，不仅带走知识和工具，更能带走一份信心与平静。愿你在追求新收入的道路上，找到属于自己的节奏，实现物质的丰盈与内心的富足。

祝福你，我亲爱的朋友，祝你有爱、有钱、有自己。

钱婧

与你同行的新收入探索者

乙巳年仲夏于北京

图书在版编目（CIP）数据

新收入：写给每个人的金钱焦虑自救指南 / 钱婧著 .
北京：北京联合出版公司 , 2025. 8. -- ISBN 978-7
-5596-8649-7

Ⅰ . TS976.15-49
中国国家版本馆 CIP 数据核字第 20259C0K81 号

**新收入：写给每个人的金钱焦虑自救指南**

著　　者：钱　婧
出 品 人：赵红仕
选题策划：后浪出版公司
出版统筹：吴兴元
策划编辑：王　頔　刘昱含
责任编辑：管　文
特约编辑：刘昱含　王　頔
营销推广：ONEBOOK
装帧制造：柒拾叁号

北京联合出版公司出版
（北京市西城区德外大街 83 号楼 9 层 100088）
后浪出版咨询（北京）有限责任公司发行
北京盛通印刷股份有限公司印刷　新华书店经销
字数 195 千字　889 毫米 ×1194 毫米　1/32　9.125 印张
2025 年 8 月第 1 版　2025 年 8 月第 1 次印刷
ISBN 978-7-5596-8649-7
定价：69.00 元

后浪出版咨询(北京)有限责任公司　版权所有，侵权必究
投诉信箱：editor@hinabook.com　fawu@hinabook.com
未经书面许可，不得以任何方式转载、复制、翻印本书部分或全部内容
本书若有印、装质量问题，请与本公司联系调换，电话 010-64072833

# 我有自己的宇宙
## 混沌中清醒做自己的行动哲学

著者：钱婧
书号：978-7-5596-7501-9
页数：320
版次：2024年3月第1版
定价：68.00元

**生活的答案既不是臣服，
也不是对抗，而是拥有自己的宇宙！**

### 内容简介

毕业了担心学历贬值，要不要继续考研考博？不得不跟自己讨厌的人共事，该撕破脸皮还是憋气窝火？每天努力干活儿，就因为不会讨好领导，所以升职加薪总没有我？上了一岸又一岸，却发现想要的生活越来越远，工作和人生的意义到底是什么？……面对这些自我和世界的冲突，一味忍气吞声没有任何用处，跟世界硬碰硬又会让我们受伤。为什么在一个科技高速发展、知识随手可得的时代，我们还是没办法妥善地安顿自己，解好人生这道难题？

在本书中，基于20余年的个人成长和职场研究，钱婧老师为我们指出了在现实世界做自己的清晰路径——拥有自己的宇宙。她将带领我们运用一套融合传统"中庸"智慧和当代行为科学的全新思维模式，去跟混沌的世界灵活地交互，以达成"做自己"和"融入世界"之间的动态平衡。在"中庸我"思维模式下，我们的自我不再是僵硬固化的铁板一块，而是拥有"核心我""弹性我""隐性我""混沌我"四个成员的作战团队。"中庸我"会引领这四个成员各显其能，帮助我们在各种复杂的环境中自如地屈伸，因时因地找到解决疑难问题的理想方案，做出不害怕、不委屈、不后悔的人生决策。

这是一本真正属于中国青年的自我成长书，也是写给职场人和学生的成事行动指南。它科学系统又亲切易读，更与我们每个人的心灵和成长环境紧密相连。当你焦虑迷茫、不知所措的时候，不妨翻开这本书，倾听作者真诚直接的建议和清醒透彻的人生洞见。你会有足够的力量爱这个世界，因为你有自己的宇宙。